El gran libro de
Baby Sign

Guía teórico-práctica para triunfar con el método

Dolor

Bebé

Pañal

Andrea Beitia
Íñigo Álvarez de Lara

edaf

El gran libro de
Baby Sign

Guía teórico-práctica
para triunfar con el método

**Andrea Beitia
Íñigo Álvarez de Lara**

edaf

www.edaf.net

MADRID - MÉXICO - BUENOS AIRES - SANTIAGO
2023

Editorial Edaf, S.L.U.
Jorge Juan, 68,
28009 Madrid, España
Teléf.: (34) 91 435 82 60
www.edaf.net
edaf@edaf.net

Ediciones Algaba, S.A. de C.V.
Calle 21, Poniente 3323 - Entre la 33 sur y la 35 sur
Colonia Belisario Domínguez
Puebla 72180, México
Telf.: 52 22 22 11 13 87
jaime.breton@edaf.com.mx

Edaf del Plata, S.A.
Chile, 2222
1227 Buenos Aires (Argentina)
edafadmi@gmail.com

Editorial Edaf Chile, S.A.
Huérfanos 1178, Oficina 501
Santiago - Chile
Telf: +56 2 2707 8100 / +56 9 9999 9855
comercialedafchile@edafchile.cl

2.ª edición, mayo 2023

ISBN: 978-84-414-4188-0
Depósito legal: M-19168-2022

Gracias de parte de todos los peques,
a los que les habéis dado alas para soñar.

Firmado, Mamá y Papá
(Andrew y Presunto).

A Ratón, por ser la Alegría.
A Tristán, por ser la Luz.
A vosotros, por ser el Cambio.

Carta a un amig@

¡Hola, amig@!

No sabes cuánto nos alegramos de que este libro haya llegado a tus manos. Te escribimos con la misma ilusión y alegría con la que en su momento escribimos cada una de las líneas de este gran libro (¡qué vamos a decir de él, claro!).

A medida que vayas leyendo este libro, nos iremos conociendo más y más, pero antes de eso vamos a presentarnos un poquito. No te agobies, seremos breves.

Como habrás leído en la portada, somos Andrea e Íñigo. Dos apasionados y dos disfrutones de la vida que decidieron estudiar y emprender para crear Baby Sign Spain y dar a conocer este mágico mundo a más y más familias.

Un día estuvimos en tu lugar. Tenemos dos hijos preciosos, y nuestro amor hacia ellos quiso que nos entraran ganas de entenderles desde bien pequeñitos. ¡Tenían tantas cosas que contarnos! Ellos son los emprendedores, en realidad. Fueron los que nos regalaron los títulos de «Mamá» y de «Papá» y fueron los que nos catapultaron a esta fascinante aventura. Somos una familia de las que piensa que hay que disfrutar cada segundo de la vida. Somos alegres y divertidos, pero, sobre todo, somos una familia muy comprometida con el amor y el respeto hacia los peques.

Muchos modelos de la educación y la enseñanza tradicional han demostrado ser poco respetuosos con la infancia, con su desarrollo personal, y con los tiempos que cada uno de ellos necesita de forma individual. A día de hoy cada vez son más las alternativas, disciplinas y estudios realizados sobre la materia. Ver cómo la sociedad avanza con el cambio es precioso, y poder recorrer junto a vosotros una pequeña parte es un honor.

Baby Sign Spain nace del corazón y el deseo de aprender a comunicarnos con los más peques antes de que sepan hablar. Que un bebé no hable no quiere decir que no tenga necesidades o sentimientos, solo significa que no sabe hablar porque su aparato fonador no está desarrollado del todo. Si le enseñamos a pedirnos y contarnos las cosas con signos, tendrá en sus manos un recurso superpoderoso para hacernos disfrutar con ellos a tope.

Naranja

Pan

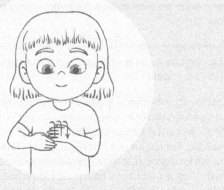

Comer

ÍNDICE

Por favor

Barco

Agua

LA IMPORTANCIA
DE LA COMUNICACIÓN
NO VERBAL

Si reflexionamos, nos pasamos la vida haciendo signos y gestos de aquellos objetos o deseos que no logramos decir. Seguro que más de una vez te has visto en la siguiente situación:

—¡Ay, sí!... ¿Cómo se llama eso que es así y así? Lo tengo en la punta de la lengua, pero no me sale la palabra.

Resolvemos estas situaciones con gestos, con descripciones... ¿Verdad? Nos apoyamos en la mímica y buscamos una alternativa para comunicar eso que estamos intentando expresar.

También hacemos signos cuando la otra persona no puede escucharnos por ruido, por distancia... Se trata de un instinto natural. ¡Lo llevamos en el ADN!

La comunicación no verbal

¿Sabías que puede tener un peso mucho más importante tu lenguaje no verbal que el verbal? Es decir, lo que dicen tu cara, tu postura, tu mirada...

y no tus palabras. Como lenguaje verbal se entienden todos los sonidos, tonos, pausas, velocidad a la hora de hablar, vocalización, etc., que empleas mientras te comunicas de forma oral. El lenguaje no verbal lo componen las posturas, los gestos, la mirada, la forma de colocar los brazos, la forma en que sostienes algo, si aprietas tus manos, si juegas con algo entre los dedos mientras te están hablando, etc.

La comunicación no verbal es todo lo que rodea la conversación y se puede analizar muy bien. Existen expertos y profesionales que se dedican a ello. Mucho cuidado con lo que quieres transmitir de forma verbal y aquello que está transmitiendo tu cuerpo de forma no verbal (de forma inconsciente); si no van acordes, la reacción de tu público será algo así como «Uy, no me encaja esto que está diciendo». Quizás no sepan por qué tienen esa sensación, pero su percepción de ti ante tu mensaje será esa.

La regla del 7 %, 38 % y 55 %

Aunque el «lenguaje no verbal» es algo con lo que los humanos no hemos dejado de crecer, de expresarnos, de relacionarnos y de evolucionar, es algo que se ha empezado a estudiar hace relativamente poco. Parece mentira, pero es así.

Y decimos que parece mentira porque nuestros antepasados primates ya se comunicaban con sonidos, con gestos, mediante pinturas... Empleaban todo su cuerpo y las habilidades físicas e incluso artísticas como herramientas de comunicación no verbal que tenían en ese momento para poder relacionarse y expresarse dentro de sus grupos sociales o familias.

Importa poco lo que decimos si nuestro cuerpo dice otra cosa

Albert Mehrabian es considerado el «padre» de la comunicación no verbal. Científico, psicólogo, investigador y profesor, realizó un estudio que reveló que la «comunicación no verbal» es muchísimo más importante que la «comunicación verbal».

Parece que cuando nos referimos a «comunicarnos», sí o sí, nos estamos refiriendo a la forma verbal en su totalidad.

¿Sabías que, según Mehrabian, tan solo el 7 % de lo que decimos y recibe nuestro interlocutor proviene de lo dicho con la palabra? Es decir, importa muy poco lo que decimos si el otro 93 % del mensaje no está en consonancia con lo expresado verbalmente.

¿Y dónde queda el resto? Ahora lo vamos a analizar

El resto queda de la siguiente forma: el 38 % lo transmitimos como comportamiento verbal, es decir, voz: si hablas alto, rápido, titubeas... y por último, el 55 % de nuestra comunicación es el resultado de la comunicación no verbal: o sea, cuerpo, gestos, expresión de tu mirada, un gesto de la cara... es decir, la postura corporal a grandes rasgos.

¿QUIERES SABER CUÁNTO UTILIZAS TUS MANOS PARA COMUNICARTE? ATA TUS MANOS CON UNA CUERDA Y MANTÉN UNA CONVERSACIÓN DE LA FORMA MÁS NATURAL QUE PUEDAS. VERÁS QUE TE CUESTA MUCHÍSIMO MÁS DE LO NORMAL.

7 % otro

38 % verbal

55 % comunicación no verbal

Abuelo

Abrigo

Arena

LAS INTELIGENCIAS
MÚLTIPLES

Seguro que más de una vez has conocido a una persona con unas habilidades magníficas para la música, pero menores para las matemáticas, o muy buenas habilidades para las matemáticas, pero escasas para ubicarse un día en un paseo por la calle.

Hasta hace bien poco, la inteligencia de las personas venía medida, por ejemplo, por la habilidad de sacar un sobresaliente en matemáticas, ¿verdad? Parecía que todo se centraba en un buen expediente académico y poco más, pero por suerte esto está cambiando.

La inteligencia no se puede medir a través de datos académicos, esto es algo tremendamente injusto que se viene haciendo toda la vida y que debe cambiar por completo.

HAY MUCHAS FAMILIAS QUE TODAVÍA CREEN QUE SI UN PEQUE ANDA ANTES QUE OTRO O CONTROLA SUS ESFÍNTERES ANTES QUE SUS AMIGOS SERÁ MÁS LISTO, Y POR EL CONTRARIO, QUE SI LO HACE DE LOS ÚLTIMOS SERÁ MÁS TORPE, O ALGO SIMILAR. POR FAVOR, DEBEMOS HUIR DE ESTOS INCREÍBLES TÓPICOS. TODOS Y CADA UNO DE LOS PEQUES SON MARAVILLOSOS, SIMPLEMENTE CADA UNO NECESITA SUS TIEMPOS DE DESARROLLO Y ESO BAJO NINGÚN CONCEPTO DETERMINARÁ SU CAPACIDAD INTELECTUAL.

Las inteligencias múltiples así lo demuestran, y son espectaculares de entender y de trabajar. Ya verás que después de leer este capítulo vas a conocer mejor a las personas que te rodean, incluso a ti mism@.

La conexión de su «pequeño gran mundo»

Howard Gardner, el padre de las inteligencias múltiples

El Baby Sign ayuda a desarrollar las inteligencias múltiples, y con ellas vas a descubrir muchas cositas sobre la personalidad de un peque. El hecho de que los bebés puedan descubrir el mundo a una edad tan temprana de su desarrollo influye directamente en sus ganas por conocer todo lo que les rodea, y así es como desarrollarán sus inteligencias múltiples.

Howard Gardner nació en 1943 en EE. UU. y se convirtió en un gran experto en psicología y neuropsicología. Sus estudios se centraron en el análisis de las capacidades cognitivas de las personas y formuló la Teoría de las Inteligencias Múltiples. Para que veas lo importantes que fueron estos estudios, ¡Gardner llegó a poner en un compromiso al sistema educativo de los Estados Unidos!

PARA GARDNER, EL COCIENTE INTELECTUAL (CI) NO SE PUEDE MEDIR CON UNA CIFRA, SINO QUE ES EL RESULTADO DE UN CONJUNTO DE DIFERENTES CAPACIDADES.

Las inteligencias múltiples

1. **Inteligencia lingüística:** es la facilidad para leer, escribir, contar cuentos, hacer juegos de palabras, etc. Al hacer Baby Sign, repetimos las palabras de forma constante. Las decimos claramente, reforzando su pronunciación, y los peques empiezan a escucharlas mucho dentro de su día a día. Ampliamos mucho su vocabulario desde bien temprano, y todo ello ayudará a fomentar la inteligencia lingüística.

2. **Inteligencia lógico-matemática:** es, por ejemplo, la capacidad para resolver problemas matemáticos, experimentos, juegos estratégicos, etc. Los peques empiezan a entender a través de los signos la importancia de la lógica. Se dan cuenta antes de la importancia de la comunicación, y de que si hacen un signo concreto son capaces de lograr un objetivo deseado.

3. **Inteligencia visual espacial:** es la habilidad o la facilidad que tiene una persona para resolver rompecabezas, crear construcciones, visualizar y relacionar diferentes objetos dentro de un mismo plano. Se define también como el perfil de las personas que son capaces de pensar y razonar en «tres dimensiones», es decir, las personas que son capaces de imaginar y razonar sobre un espacio y plasmarlo o proyectarlo en un objeto. El Baby Sign en este caso fomenta el pensamiento abstracto del signo y su relación con lo que está comunicando. Es decir, fomenta que los bebés se imaginen qué es lo que quieren o necesitan, y lo «plasmen» en sus manitas.

4. **Inteligencia musical:** se reconoce por la habilidad y el gusto por los sonidos, los ritmos y los timbres de las canciones, o los sonidos de la naturaleza. Las canciones y el juego son las mejores herramientas para disfrutar con los peques. Gracias a ellos les enseñamos Baby Sign, y por lo tanto estimulamos y desarrollamos mucho la inteligencia musical cada vez que les cantamos y les estimulamos a través de sonidos y melodías.

5. **Inteligencia corporal kinestésica:** es la inteligencia encargada de la facilidad y la habilidad para aprender a través de las sensaciones y movimientos corporales. Son personas que controlan mucho los movimientos y el dinamismo de su cuerpo. Se habla de «conexión mente-cuerpo», ya que tienen mucha conciencia de su cuerpo y exploran su entorno a través del tacto y el movimiento. Como ya hemos dicho anteriormente, los peques gracias al Baby Sign toman

mucha conciencia de la importancia del movimiento de sus manitas y de cada una de sus falanges y habilidades motoras finas. Emplean su cuerpo para comunicarse. En el siguiente capítulo hablaremos más de esta inteligencia tan importante en esta etapa.

6. **Inteligencia naturalista:** poseen la facilidad y el gusto por pensar de manera instintiva y dejarse llevar por su entorno y sensaciones. Se preocupan por el medio ambiente, les gusta explorarlo y tienen mucha conciencia sobre el entorno. Disfrutan de la interacción del medio ambiente y logran conectar con él. Es la inteligencia con las personas, los animales y la naturaleza. A los bebés les gustan las flores, los árboles, los animales, el mar, etc., es decir, les gusta el medio ambiente, y les encanta observarlo e interactuar con él. Se dice que esta inteligencia es la que determinó la supervivencia del ser humano en el entorno y su habilidad para evolucionar y adaptarse a los cambios. Los peques conectarán con la naturaleza y con el medio ambiente gracias al Baby Sign, y así desarrollarán esta inteligencia.

7. **Inteligencia interpersonal o social:** son personas con una gran habilidad para comunicarse y suelen ser quienes sustentan el papel de líderes en los grupos. Disponen de una importante habilidad para conocer los sentimientos de las personas que les rodean y conocen muy bien las relaciones interpersonales. Son esas personas que muchas veces sientes que son capaces de «conectar» con otras personas. El Baby Sign fomenta la comunicación interpersonal y social, ya que los bebés desean comunicarse con todo el mundo a través de signos. Entienden la importancia de la comunicación, la paciencia a la hora de observar un signo de la persona que se lo está enseñando y entienden la importancia del trabajo en equipo.

8. **Inteligencia intrapersonal:** se trata de la habilidad de las personas para conocerse a sí mismas, para conocer las reacciones frente a determinadas ocasiones o situaciones, emociones y vida interior. Los peques que hacen Baby Sign refuerzan su autonomía y su autoestima. Son bebés que se sienten comprendidos, entendidos y tenidos en cuenta.

A día de hoy existen múltiples teorías, opiniones, y críticas hacia la teoría de Gardner. Pero lo que se saca en conclusión es que el ser humano dispone de una única inteligencia y que el equilibrio armonioso de dichas inteligencias será la que determine la personalidad del individuo.

3

LA KINESTESIA
Y EL BABY SIGN

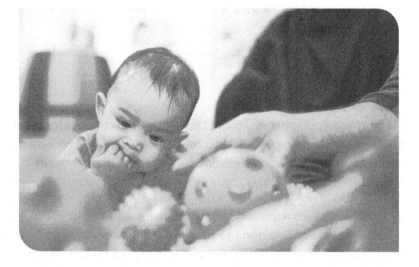

Como hemos visto en el capítulo de las inteligencias múltiples, la kinestesia es una de ellas y es una de las más importantes dentro del Baby Sign. Pero ¿habías oído hablar antes de la kinestesia? Etimológicamente, «kinestesia» proviene de la palabra κίνησις (*kínēsis* = 'movimiento'), es decir, es aquello **relativo al movimiento**. Por lo que podríamos estar hablando del «**El movimiento y el Baby Sign**».

La kinestesia juega un papel importantísimo en el Baby Sign y en el desarrollo de los bebés. **La inteligencia kinestésica es aquella en la que la experiencia y el movimiento juegan un papel fundamental en el aprendizaje.** Está comprobado que el movimiento mejora la predisposición del cerebro de los peques a la hora de aprender; les aporta diversión, alegría, gesticulación… reduce el estrés, etc.

Es un tipo de aprendizaje en el que se involucra la experimentación propia y la internalización de los movimientos. Está relacionado con el tacto, siendo un aprendizaje que necesita del contacto con el objeto, la acción o la habilidad que se quiere aprender.

SI INTRODUCIMOS EL MOVIMIENTO EN EL APRENDIZAJE DE LOS PEQUES, Y POR EJEMPLO EMITIMOS SONIDOS, O SEÑALAMOS CON EL DEDO, PRESENTAMOS OBJETOS, CONTAMOS CUENTOS, CANTAMOS, ETC., LOGRAREMOS AUMENTAR SUS PROCESOS DE ATENCIÓN Y EL APRENDIZAJE IMPLÍCITO (ESTE APRENDIZAJE ES AQUEL QUE APRENDEMOS SIN DARNOS CUENTA).

Movimientos y control de las manitas de los bebés

Ejercitar, manipular y trabajar con las manos de los peques les ayuda a fortalecer su desarrollo cognitivo e inteligencia. El peque irá poco a poco entendiendo la concentración necesaria para realizar un movimiento, la respuesta que recibe y la confianza en sí mismo, entre otros muchos beneficios.

- **Entre los 2 y los 4 meses** los bebés comienzan a desarrollar la habilidad de la **coordinación ojo-mano**, también conocida como óculo-manual. Esta es la habilidad con la que envían información a su cerebro para realizar con sus manitas una acción que previamente han visualizado con la mirada. Un ejemplo sería que papá mostrase al bebé un peluche o un sonajero y este lo mirase y lo intentase coger con sus manitas.
- **A partir de los 4 meses** los peques empiezan a consolidar sus **habilidades motoras finas**. Estos son pequeños gestos y movimientos coordinados que implican reducidos grupos musculares, óseos y ner-

viosos. Por ejemplo: coger un sonajero, sujetar el chupete, coger una pintura... Verás que a lo largo del libro vamos a hablar mucho de ellas.

- **Sobre los 5 o 6 meses** desaparece el **reflejo darwiniano**, también conocido como reflejo de prensión palmar. Este reflejo primitivo es una respuesta motora que, en el caso de las manitas, si le pasas un dedo a un peque por la palma, provoca que de forma inmediata e instintiva la cierre y te agarre el dedito[1].

- **Alrededor de los 6 o 7 meses** serán mucho más conscientes de los movimientos de sus manitas, lo cual es imprescindible en el Baby Sign. Con 6 meses los peques ya cogen (todavía con un poco de torpeza) objetos con toda la mano y alrededor de los 7 meses ya son **mucho más hábiles** y los agarran, los mueven y los sueltan cuando quieren. Es también alrededor de esta edad cuando **empiezan a imitar movimientos**, como por ejemplo con la famosa canción de los «Cinco lobitos».

---

[1] La próxima vez que escuches a alguien decir de forma muy alegre «Mira cómo me coge, no me suelta», podrás pensar por dentro «Es un reflejo primitivo». Luego también podrás pensar «En el fondo no deberías tocarle la manita». Aprovechamos este punto para recordar que los peques se meten la mano de forma constante en la boca ya que exploran a través de ella, se llama Etapa Oral y va desde el nacimiento hasta los dos años aproximadamente. Los adultos la gran mayoría de las veces no tienen las manos tan limpias como nos gustaría y es por ello que es importante que no toquen las manos de los bebés.

Baño

Bicicleta

Bebé

EL BABY SIGN ES
COMUNICACIÓN
BIMODAL

Es posible que hasta el momento no hayas escuchado este término, pero a partir de ahora te empezará a ser mucho más familiar porque el Baby Sign es un sistema de comunicación bimodal.

Bi + modal = dos modos, dos formas.

Cuando nos referimos a una comunicación bimodal, hablamos de un sistema o una técnica en la que **vamos a emplear la comunicación oral como base, y solo en determinados momentos, y con un objetivo concreto, introduciremos un signo específico.**

Perro

Algo muy importante para que se trate de un sistema bimodal es que nunca debemos dejar de verbalizar la palabra (por ejemplo, haremos el signo del perro golpeándonos la cadera a la vez que decimos «perro»).

Entonces, ¿una comunicación bimodal puede darse con cualquier idioma?

Sí, la comunicación bimodal puede tener como base cualquier lengua o idioma; digamos que se trata únicamente de la fórmula «signo + palabra» expresados de manera simultánea.

A fin de cuentas, **se trata de que los signos para bebés o Baby Sign funcionen como un complemento visual a la comunicación oral**. Entra en juego la combinación de la **modalidad oral-auditiva y la visual-gestual**. Esta combinación es maravillosa ya que se logra que entren en juego más canales de comunicación entre el emisor y el receptor, siendo estos el kinestésico (movimiento), el auditivo (oído) y el visual (vista).

La técnica bimodal **surgió en el año 1978** y la introdujo la austriaca **Hilde Schlesinger** en Estados Unidos. Su intención era integrar a los niños sordos en la sociedad oyente, y los signos para bebés se basan en ese modelo.

AÑOS DESPUÉS, EN LOS AÑOS 80, EN LOS ESTADOS UNIDOS LAS DRAS. LINDA ACREDOLO Y SUSAN GOODWING Y EL DR. JOSEPH GARCÍA COMENZARON SU ANDADURA DENTRO DE ESTE MARAVILLOSO MUNDO Y LO DIERON A CONOCER MÁS ACTIVAMENTE ENTRE LA COMUNIDAD INFANTIL.

No es algo nuevo

Como puedes imaginarte, el Baby Sign tiene ya mucho camino recorrido; si echas cuentas, verás que han pasado muchos años. Por lo que **si alguien te dice que esto es una moda, que sepas que puedes decirles que no es así, que las modas no duran tanto**. Solo las cosas buenas perduran y mejoran con el paso de los años.

Bien es cierto que en Europa es una técnica mucho más desconocida que en Estados Unidos, pero estamos de enhorabuena porque es algo muy bueno que ha llegado «para quedarse». **Cada día hay más familias que la aplican y más escuelas y profesionales que deciden formarse en el Baby Sign Language**. En Reino Unido, por ejemplo, es un método que está muy extendido, e incluso los ingleses disponen de una variedad suya conocida como *Makaton*, la cual es muy interesante.

Coche

Comer

Cama

ORÍGENES
DEL BABY SIGN

Te habrá pasado en muchas ocasiones que por alguna parte siempre hay un poco de teoría, ¿verdad? Pues como buena guía del Baby Sign no podía ser de otra manera, pero eso sí, vamos a hacerlo de una forma breve y sencilla. Es importante contarte un poco de historia para que conozcas muy bien esta preciosa técnica.

Sus grandes precursores fueron principalmente tres personas; el doctor **Joseph García** y las doctoras **Linda Acredolo** y **Susan Goodwyn**. No fueron las únicas personas, pero sí podemos decir que son las tres figuras más relevantes que empezaron a estudiar y aplicar la técnica con la infancia en los años 80 en los Estados Unidos.

Su objetivo era claro, estudiar la comunicación, desarrollo y adquisición del lenguaje en bebés oyentes, empleando como complemento al lenguaje verbal los signos en momentos puntuales de la comunicación.

Los pequeños grandes estudios

Es fundamental saber los orígenes del método y conocer los estudios que lo avalan. Como hemos comentado antes, vamos a contarte las inves-

tigaciones más importantes. Hay muchos estudios científicos, pero en esta guía nos centraremos en los más relevantes.

El doctor Joseph García

El doctor García, especialista en desarrollo infantil, observó que los peques de familias no oyentes podían comunicarse más fácilmente que los peques de familias oyentes.

De hecho, alrededor de los nueve meses, estos peques ya eran usuarios avanzados de la lengua de signos, entendiendo y comunicando hasta 75 conceptos diferentes, mientras que otros peques de familias oyentes apenas balbuceaban alguna palabra a esta edad.

Así surgió la iniciativa del doctor García de estudiar cómo podría beneficiar el uso de signos a las familias oyentes y las relaciones con sus bebés. **Su investigación con diecisiete familias reveló que los peques oyentes podían aprender a signar muy fácilmente**.

El doctor García publicó su investigación en 1987, y posteriormente escribió el libro *La guía completa del Baby Signing*.

**Las doctoras
Linda Acredolo
y Susan Goodwyn**

De forma paralela, las doctoras Linda Acredolo y Susan Goodwyn, de la Universidad de California, hicieron un gran trabajo durante las décadas de los ochenta y noventa en el campo de la investigación. **Observando a los peques, se dieron cuenta de que los bebés empleaban gestos para comunicarse cuando no lograban pronunciar**. Como por ejemplo, sacar la lengua para referirse a un perro, tocarse la boca si querían comer, o mover la manita para despedirse.

En 1982, entre otras becas y ayudas, les otorgaron una beca del Instituto Nacional Infantil y Desarrollo Humano (Institute of Child Health and Human Development) y realizaron numerosos estudios sobre la importancia de los signos dentro del proceso de desarrollo del habla infantil. El más importante de ellos duró nada más y nada menos que **ocho años**. A día de hoy, tienen publicados tres libros y han escrito numerosos artículos, además de haber participado en grandes encuentros y foros relacionados con la infancia.

**A continuación, los puntos más importantes
de su investigación**

Participantes:

Más de 140 familias se unieron al estudio cuando sus peques tenían **11 mese**s. Cada familia fue asignada aleatoriamente a un grupo que usaba signos o a un grupo que no los usaba. Los grupos eran equivalentes al comienzo del estudio en términos de las siguientes características: sexo, orden de nacimiento, tendencia a vocalizar o verbalizar palabras, educación y niveles de renta familiar.

Evaluación:

Los peques fueron evaluados usando mediciones de lenguaje estandarizadas a los **11, 15, 19, 24, 30 y 36 meses**. Además, a los ocho años fueron evaluados con la prueba WISC-III IQ[2], la medición más comúnmente usada para la inteligencia[3] de los peques en los Estados Unidos.

Resultados:

- Los peques de **2 años** que habían usado signos, de media hablaban como peques de **2 años y 3 o 4 meses**, lo que representa más de tres meses de ventaja sobre los que no habían usado signos. Hasta aquí la diferencia no es muy significativa, pero veamos qué ocurre más adelante.
- Los peques que habían usado signos podían decir frases significativamente más largas. Demostraban mayor **facilidad de adquisición del lenguaje** y tenían un vocabulario mucho más amplio.
- Los peques de tres años que usaban signos hablaban de media como peques de **3 años y 11 meses**, poniéndose casi **un año por delante** de la media del resto de peques de su misma edad que no habían signado. Esta diferencia dentro del desarrollo del habla es muy grande.
- Los peques de ocho años que usaron signos cuando eran peques alcanzaron un promedio de **12 puntos más en la prueba de inteligencia WISC-III IQ** (media: 114, percentil 75) que otros peques que no habían usado signos (Media: 102, percentil 53).

... CONCLUSIÓN ....

El Baby Sign ayuda a los peques a desarrollar capacidades tanto lingüísticas como cognitivas. Cada vez son más los especialistas que recomiendan el uso de los signos dentro de una comunicación oral y de forma complementaria desde edades muy tempranas.

---

[2] La Escala Wechsler de Inteligencia para Niños (WISC) es una escala para valorar la inteligencia y las aptitudes intelectuales en niños en el ámbito clínico y psicopedagógico.

[3] Nosotros somos detractores de este tipo de exámenes o pruebas de medición de cocientes intelectuales, pero es cierto que para realizar un estudio científico se necesita medir los resultados de forma objetiva con alguna fórmula o sistema.

Beneficios de hacer Baby Sign

Además de los resultados científicos relacionados con el cociente intelectual, podemos resumir y hablar de otros muchos beneficios, como son:

1. Tal y como hemos visto, los peques que hacen Baby Sign son peques con un **mayor vocabulario** que la media de otros peques de su misma edad. Esto se debe a que han estado **mucho más expuestos a las palabras verbalizadas y repetidas de forma calmada y pausada**. Es decir, han estado escuchando «mejor» esas palabras, y esto hace que tengan un vocabulario más amplio y que las pronuncien mejor.

2. **Favorece y estimula la comunicación**. Tendrán un mayor conocimiento de sus manitas, y su potencial les animará a querer comunicarse con todo el mundo.

3. Reduce **las lágrimas y las rabietas**. El llanto en los bebés es algo innato con lo que nacen los bebés para comunicarse. Es instintivo, mamífero y natural. Sin que nadie se lo enseñe, aprenden a llorar para comunicarnos que algo no va bien. Cuando esto ocurre, las personas a cargo de ese peque empiezan a pensar qué puede estar necesitando. Algunas veces la respuesta es evidente, pero muchas otras veces nos desesperamos intentando saber qué le ocurre. Sacamos la «lista imaginaria» y comenzamos a preguntarnos: «¿Tendrá hambre? ¿Sueño? ¿Frío? ¿Pañal húmedo?», y así hasta que damos con la solución (o no).

4. Uno de los motivos más importantes de hacer Baby Sign es lograr que se frustren lo menos posible. Debemos intentar lograr que no lloren y que se sientan confiados a la hora de decirnos que «Oh, oh, hay algo que no va bien». Por ello es muy importante cuándo empezamos a hacer Baby Sign con los bebés.

DEBEMOS INTENTAR ADELANTARNOS A ESTOS MOMENTOS, Y SI ALGUNA VEZ VEMOS QUE EL PEQUE PUEDE ESTAR NECESITANDO ALGO Y QUE PUEDE ECHARSE A LLORAR O AGOBIARSE, SI SABEMOS LO QUE ES, NOS ADELANTAMOS PARA QUE NO LLORE[4].

---

4   Nunca se debe dejar llorar a un bebé. Un bebé que llora y no es atendido será un bebé que crezca con la sensación de que si algo malo le pasa nadie le va a ayudar. Se sentirá

5. Los peques se sienten más **confiados**. Para entender este punto podemos ponernos perfectamente en la piel de los más peques de la casa. A todos nos gusta sentirnos seguros y confiados. Es normal ponernos nerviosos cuando salimos de nuestra zona de confort, y eso que somos adultos y nos movemos en un mundo creado y pensado «por y para adultos». Pues bien, imagina ahora que eres un bebé y que no conoces los lugares donde te llevan, las caras de las personas que te hablan o las sensaciones que sientes. A los peques les **aporta mucha seguridad saber que si algo les ocurre pueden hacer un signo a un adulto y que este les entenderá**.

6. Les fascina el momento de la **lectura** y de las **canciones**. ¿Te imaginas un cuento contado con emoción, con alegría, con sonidos y signos? Serán unos **auténticos apasionados de los cuentos**. Más adelante te contaremos los tipos de cuentos que hay y cómo podemos disfrutar de cada uno de ellos.

7. **Es más sencillo captar su interés** en una determinada actividad. Esto puede ser en el momento de la hora del baño, de la comida, del juego, etc. Ocurre lo mismo que con la lectura. **Si hacemos de estos momentos algo más que un simple momento, será mucho más fácil** que les gusten.

8. **Mejora la autoestima de los peques y la seguridad de las familias.** Los bebés necesitan sentirse confiados y seguros. Cuando se sienten así es cuando empiezan a coger cositas nuevas con sus manitas, cuando comienzan a mantenerse en pie o, por ejemplo, es cuando empiezan a dar sus primeros pasitos. Todos estos hitos están cargados de seguridad y confianza. Acompañar a los bebés en su desarrollo, brindándoles la seguridad y la confianza que cada momento requiere, es importantísimo. **Si acompañamos todos estos momentos con signos, los chiquitines podrán decirnos si tienen miedo, si se han hecho daño, o si hay algo que no les gusta.** Esto les aportará confianza en sí mismos y estaremos potenciando su independencia y autonomía.

---

desprotegido e incomprendido. Es muy negativo para su desarrollo emocional y cognitivo, y al igual que nunca ignoraríamos a un adulto que llora, nunca ignoraremos a un bebé que llora.

9. Son peques **más sociables** ya que tienen una herramienta de comunicación temprana que les ayuda a entenderse desde bien pequeños. Además, **comprenderán mucho antes la importancia de la comunicación**, y reconocerán antes que existen muchos tipos de comunicación más allá de la comunicación verbal dentro de la sociedad.

10. **Sienten mayor interés por conocer su entorno e imitarlo.** A los bebés todo les fascina, todo les causa asombro y todo les impresiona. Descubrir este mundo tan mágico para ellos con signos hace que **quieran conocerlo todo** y así sentirse más conectados.

11. Al tener que emplear sus manitas y colocarlas en determinadas posiciones, fomenta mucho el desarrollo de la motricidad fina o **habilidades motoras finas.** Estas habilidades son las encargadas de producir pequeños movimientos de forma coordinada de músculos, huesos y nervios. Un ejemplo con el que empiezan los bebés es la capacidad de lograr coger algo con sus deditos, por ejemplo el índice y el pulgar.

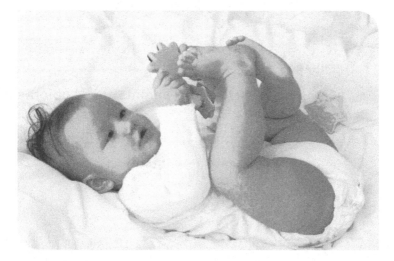

12. **Fomenta el vínculo.** El amor, el apego, la confianza, la paciencia y la felicidad que vais a sentir y a trabajar con los peques será impresionante. El bebé se sentirá antes más apegado a vosotros.

13. Vais a sentiros **superfelices** de ver los progresos de los peques.

Nunca debemos olvidar que el Baby Sign es una técnica de ayuda creada y pensada para peques oyentes sin desafíos en la comunicación. Siempre deberá ser tratada como una herramienta complementaria en su desarrollo del habla y jamás como un lenguaje en sí mismo.

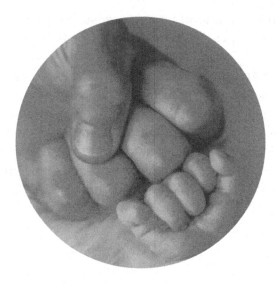

··· PENSARÁS ·······································

«¡Cuántas cosas me hubiera perdido si no hubiera hecho Baby Sign!

¡Somos un equipo!».

6

CÓMO POTENCIAR
EL HABLA
CON BABY SIGN

Muchas veces no nos damos cuenta, pero vamos literalmente, como bien dice el dicho, «como pollos sin cabeza» o «con el piloto automático puesto».

La sociedad, el trabajo, el estrés y todas las tareas que tenemos que hacer provocan que no nos dirijamos correctamente a los bebés. Sin querer, pasamos por alto muchos aspectos importantes de la comunicación, pero tú estás leyendo esta guía para no caer en ello y vas a disfrutar muchísimo.

Te dejamos aquí unos consejos muy importantes para potenciar y desarrollar el habla en general y además disfrutar del Baby Sign.

- *Procura estar a su altura:* obviamente, esto no puede darse siempre porque es complicado estar agachándose en todo momento, pero debemos tratar que así sea. Si les decimos algo y se lo decimos a su misma altura y con un signo, será mucho más fácil que entiendan el mensaje de lo que les intentamos transmitir. Este consejo, además de ser muy bueno, con el método Baby Sign se debería llevar a cabo siempre.

  CUANDO LES HABLAMOS A SU ALTURA LES TRANSMITIMOS MUCHÍSIMAS COSAS Y POTENCIAMOS OTRAS MUCHAS HABILIDADES; LES HACEMOS SENTIRSE MÁS COMPRENDIDOS Y ESCUCHADOS, MEJORAMOS SU AUTOESTIMA, CAPTAMOS MÁS SU ATENCIÓN Y FOMENTAMOS LA ESCUCHA ACTIVA DE LOS PEQUES.

- *Cuenta cuentos:* los cuentos son un mundo maravilloso para presentarles un montón de palabras nuevas a la vez que se las mostramos, se las señalamos y las signamos. Verás que el bebé está superreceptivo. Emplea diferentes voces y tonalidades de voz para interpretar distintos personajes y verás cuánto le gustan.
- *Canta canciones:* la música, además de desempeñar un papel importantísimo en el desarrollo emocional de un bebé, le ayuda mucho a adquirir confianza con su entorno y las relaciones sociales. Las canciones les encantan, y si encima les metemos signos, alegría, etc., verás que no tardará en intentar imitar alguna de las palabras de la canción. Es común que empiecen repitiendo solo la última sílaba de alguna palabra concreta, y poco a poco irán metiendo más sonidos. Busca canciones sencillas que no tengan sonidos muy discordantes y ¡a disfrutar de la música!
- *Haz sonidos:* si además de contarles que ese animalito que tiene alas y pico se llama «pájaro», les decimos «Mira, mi amor, es un *pájaro*»

(con signo), y les decimos que hace «pío, pío» (imitando su sonido), a ellos les parecerá muchísimo más atractivo e intentarán imitar ese ruidito tan gracioso que hace el animal.

- *Juega y haz las actividades que más le gusten:* observa y fíjate en qué juegos son los que más le gustan. Cuando los tengas identificados, aprovéchalos para sacarles el máximo partido haciendo y diciendo todas aquellas palabras y signos que puedas. Por supuesto, sin pasarnos. Lo más importante en este caso no es la cantidad de signos que le hagamos, sino hacerlo divertido y lo más natural posible.

... **RECUERDA** ....

Para ninguno de estos consejos les forzaremos a mirarnos, deberán hacerlo de forma instintiva. Si lo sienten como algo forzado, puede que no les guste y que traten de «escapar» de ello. El Baby Sign debe ser un juego en sí mismo.

Estrellas

Elefante

Dinosarurio

7

CUÁNDO
EMPEZAR

Señales de que tu peque está listo para empezar

Como hemos dicho con anterioridad, puedes empezar a aprender Baby Sign cuando quieras, cuando te sientas preparado o cuando mejor te venga. **Lo más importante es sentirte listo para adentrarte en este mundo tan precioso**. Pero hay una serie de señales que van a ayudarte a identificar que un peque está listo para empezar. Te las detallamos a continuación.

Muestra mucho interés por tus manos… ¡y las suyas!

Observas que te empieza a mirar mucho las manos, se fija en tus dedos, si le acercas la mano te la observa o sonríe si mueves alguno de los dedos y ves que empieza a mirar mucho sus manitas. Esto ocurre **alrededor de los 6 meses**.

Sientes que con la mirada busca cosas y las señala

No es necesario al 100 % que las señale con su dedo o con su manita. Si percibes que **fija la mirada en sus juguetes favoritos**, o que hay algo que le llama la atención y **estira su mano** para señalar eso que tanto le gusta o quiere alcanzar, te está reclamando que por favor se lo acerques, y por lo tanto se está comunicando.

Reclama tu atención con gritos o balbuceos

En torno a los 5 meses, los bebés empiezan a sonreír y a gritar de forma mucho más activa y consciente. **Percibes que el peque es capaz de adelantarse a algo que sabe que le va a gustar**; por ejemplo, se ríe antes de que le hagan unas cosquillas y reclaman la atención de quienes tiene cerca. Esto forma parte de su desarrollo comunicativo, y a medida que va creciendo lo emplea de forma más habitual y exagerada para expresar sus emociones, como la frustración de tener hambre o la alegría de ver a su mamá o a su papá.

Empieza a mantenerse sentado sin apoyo y de forma autónoma

Podemos comenzar a practicar Baby Sign con los peques antes de que estos se mantengan sentados sin apoyo. No hay ningún problema, pero debemos ser conscientes de que **para que ellos hagan[5] los signos es fundamental que tengan sus manos lo más libres posible.** Para ello será importante que sepan mantenerse sentados sin estar agarrados[6] a ninguna superficie ni objeto.

El hito de sentarse se llama **sedestación**, y es el momento de su desarrollo en el que aprenden a mantenerse **sentados de forma autónoma.** Esta etapa la alcanzan los bebés alrededor de los **7 o 9 meses**, por lo que comenzar con el Baby Sign a partir de los 6 u 8 meses, como ya hemos dicho, es muy bueno porque tenemos margen de sobra hasta que alrededor de los 12 meses empiezan a hacer los signos de forma autónoma.

---

[5] Recordemos que hay dos fases muy importantes en el proceso de aprendizaje: la primera de ellas es la fase en la que los bebés entienden los signos, y la segunda fase aquella en la que de forma consciente hacen los signos.

[6] Los sistemas de retención no pueden emplearse en este caso como condición para que logren mantenerse sentados.

Compartir

Familia

Flor

8

CÓMO ENSEÑAMOS
LOS SIGNOS

Seguro que recuerdas perfectamente charlas o clases en las que has estado con ponentes que te hacían bostezar. ¿Sí, verdad? Eran tan aburridas que nadie prestaba atención, y por lo tanto era muy difícil aprender sobre lo que hablaban.

En el fondo, enseñar algo es transmitir un mensaje, y visto así parece de lo más sencillo del mundo: *Solo tienes que decir aquello que quieres contar y ya está*. Pero lograr que tu audiencia te escuche activamente y recuerde ese mensaje que les estás contando es muy diferente. Captar la atención del público es más difícil.

Al igual que recuerdas alguna de esas ponencias aburridas, recordarás las que eran divertidas, graciosas, alegres y participativas. Son esas en las que prácticamente **aprendías sin darte cuenta y el tiempo pasaba volando**. Comunicar un mensaje y lograr que la audiencia lo recuerde sin ponerle alegría, expresividad, entonación o ejemplos de comprensión para apoyar tus argumentos es muy complicado.

Esto mismo ocurre con los peques. Captar su atención puede ser un poco complicado, ya que ellos no son conscientes de lo que eso significa, pero vamos a explicarte cómo hacerlo para pasarlo en grande y que aprendan y disfruten un montón.

> EL OBJETIVO FINAL ES, CON UNA SERIE DE RECURSOS DE LOS QUE DISPONEMOS, DIRIGIR SU ATENCIÓN HACIA UN OBJETO, HACIA UNA ACCIÓN O HACIA ALGO QUE QUEREMOS QUE OBSERVEN. DEBEMOS LOGRAR UNA ATENCIÓN ACTIVA, EN LA QUE EL PEQUE DECIDE ATENDER POR VOLUNTAD PROPIA Y NO POR NINGÚN TIPO DE IMPOSICIÓN. EN EL MOMENTO EN EL QUE HAYA CUALQUIER TIPO DE OBLIGACIÓN POR PARTE DE UN ADULTO PARA MOSTRARLE ALGO, ESTA ATENCIÓN SE DESVANECERÁ Y EL BEBÉ LO RECORDARÁ COMO ALGO NEGATIVO.

Para los niños, centrarse en una sola actividad monótona y poco atractiva es algo muy complicado.

Con interés, alegría y vocalización

Esta es la base de todo. Luego, más adelante, vamos a ver más claves para lograr la atención de los bebés, pero todo debe partir de estos puntos. A los más chiquitines hay que **hablarles con cariño, con alegría y con sonrisas**. Esta sería la manera ideal también para los adultos. Nos encantaría que nos hablaran así, ¿verdad? Estaríamos además mucho más contentos, muchísimo más receptivos a escuchar algo que nos van a contar.

Lograr el interés de un peque es sinónimo de captar su atención, y con estos ingredientes lograremos nuestro objetivo de una forma muy agradable y sencilla.

··· RECUERDA ······································

En el caso de los más chiquitines, cuando hablamos de «atención», podemos hablar de «interés». No debemos olvidar que ellos de momento solo saben guiarse por su instinto más natural. Una voz alegre y que les habla de forma cariñosa y casi melódica será mucho más interesante para ellos.

La vocalización es otro punto muy importante en el desarrollo del lenguaje y el Baby Sign. En un hogar o en un entorno donde se hace Baby Sign, los nombres comunes de los objetos, de los animales, etc., se dicen un mayor número de veces.

Enseñamos los signos de la «leche» y de «gracias»

Hemos seleccionado estos dos signos ya que uno de ellos es muy sencillo de enseñar y mostrar a los bebés, y en cambio el otro es algo más complicado. Se trata de un intangible, una expresión o un formalismo, y no podemos mostrárselo al bebé como podríamos mostrarle una pelota o señalarle unos calcetines.

Leche

Este es **uno de los primeros signos que hacen los peques** y que como familias más nos gustan, porque lo aprenden muy rápido y es muy importante para ellos, y para nosotros.

- **Cómo lo haremos:** lo introduciremos y lo repetiremos un par de veces cada vez que notemos que el peque pueda empezar a tener hambre. Por ejemplo: nos dirigimos al bebé y le decimos «Mi amor, ¿quieres *leche*? ¿*Leche*?». Repetimos un par de veces la palabra, a la vez que la verbalizamos de forma clara, y acto seguido se la ofrecemos para que comprenda lo que esa palabra significa. Esta fórmula hace que determinadas palabras en concreto las escuche un **número mayor de veces**, y de una **forma tan clara** que para el peque será más sencillo recordar los sonidos e intentar balbucearla.

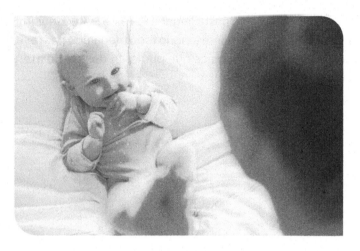

Es muy importante que nos adelantemos a los momentos de llanto y nerviosismo, ya que si el bebé empieza a ponerse nervioso no estará receptivo y no verá bien el signo. Si crees que directamente no prestará atención al signo, no lo hagas. Recuerda siempre que lo más importante que hay aquí es el bebé. Podrás hacerle el signo muchas otras veces, y no pasará absolutamente nada por no habérselo hecho.

Lo que es mejor NO hacer	Cómo lo debemos hacer
Señalar la leche y empezar a repetir el signo y decir la palabra sin parar. «Leche», «leche», «leche»...	De forma natural, diremos expresiones del tipo: «Aquí tienes tu leche, mi amor» «¿Te gusta la leche, mi vida?» «¡Qué rica está la leche!» «¿Quieres más leche, chiquitina?».

... RECUERDA ....

Siempre nos dirigiremos a los peques desde el amor, el cariño y el más absoluto respeto por sus tiempos y su desarrollo. No forzaremos sus manitas ni haremos nada que pueda resultarles molesto.

No olvides tampoco que hasta llegar a la Fase de Reconocimiento del signo, si es posible, es importante tenerlo todo preparado para **evitar interferencias**, esto es, otras acciones que pudieran **desviar la atención** del bebé hacia otra cosa u objeto.

Gracias

Gracias

Como bien sabes, **los peques lo copian todo**. Aprenden desde la **observación** y la **experimentación**, siendo la **imitación** la base de todo. El tipo de signos tan preciosos como «gracias», «perdón», o los signos de los sentimientos los peques los aprenderán desde la observación y su experiencia propia con el día a día. Así que tenemos un motivo superimportante para ser su mejor ejemplo. ¡Vamos a ello!

- **Cómo lo haremos:** en este caso, trabajaremos mucho con la atención que nos prestan los bebés. Aquí, tres ejemplos muy sencillos que funcionan muy bien:
  - **Da las gracias** a tu pareja, amigos, conocidos, etc., haciendo el signo siempre que el peque esté cerca.
  - Dale también las gracias siempre que te **entregue algo**, ya sea un juguete, algo de comida, o cualquier otro objeto.

— Si juega con otros juguetes y hace que hablan entre ellos, **que se pidan y se den las cosas dándose las gracias**.

Si en un momento dado percibiéramos que el bebé está muy atento a lo que le estamos diciendo y mostrando (es decir, tenemos muy captada su atención), deberíamos aprovechar para decir un par de veces más la palabra, y sería muy bueno sonreírle de forma muy activa para mostrarle nuestra felicidad con esos segundos de conexión.

En un entorno en el que no se haga Baby Sign, es muy probable que esos pocos segundos que hemos dedicado a expresar de forma clara la palabra a la vez que le ofrecemos el agua, por ejemplo, no se hubieran dado, y por lo tanto al peque le costará más tiempo balbucearla.

Claves para lograr la atención signando a los bebés

Tal y como avanzábamos, los cimientos de su atención son el interés, la alegría y la vocalización, pero además te contamos otras claves para que triunfes al 100 %.

- **Habla sonriendo.** Recuerda que los peques perciben todo, y cuando hablas así, tu voz es más **alegre**. Si quieres hacer la prueba de hasta qué punto se percibe esto, habla así por teléfono y verás que tu interlocutor lo nota.
- Debes **mirarle a los ojos** para que sepa que te estás dirigiendo a él. Esta conexión es muy importante. Verás que te ganas una sonrisa, un gorjeo o una mirada de alegría.
- Es muy bueno que además de mantener la mirada les hagamos **muecas**, les acariciemos o, por ejemplo, les demos un besito cuando nos dirijamos a ellos. Sentirán esa conexión mucho más cercana.
- **Imita los sonidos y las voces** de todo aquello que conozcas. Los animales les encantan, pero recuerda que, por ejemplo, el chupete también tiene su propio sonido; podríamos decir: «Oh, mi amor, toma el *chupete*, *chup chup*, chupete», y hacemos el ruido de estar succionando un chupete.

PARA REFERIRSE A LOS ANIMALES, NO PASA NADA SI NOS REFERIMOS AL PERRO COMO «GUAU GUAU». PARA LOS BEBÉS ES MUCHÍSIMO MÁS SENCILLO DECIR ESO QUE DECIR «PERRO», POR LO QUE, PARA FACILITARLES LA TAREA, PODEMOS DECIRLO SIN PROBLEMA. LO QUE HAREMOS EN ESTOS CASOS SERÁ DECIR «MIRA, UN GUAU GUAU» HACIENDO EL SIGNO DE PERRO, Y ACTO SEGUIDO Y REPITIENDO EL SIGNO DECIR «ES UN PERRO, SÍ, ES UN PERRO». DE ESTA FORMA ESTAREMOS ATRAYENDO MUCHO EL INTERÉS DEL PEQUE A LA VEZ QUE CONTINUAMOS EXPRESANDO EL NOMBRE COMÚN DEL ANIMAL DE FORMA CORRECTA.

- **«Envuelve» las palabras en su propio significado**. Esto es, si algo es grande, abriremos bien nuestra boca y diremos «Oh, es un perro muy graaaaande!», y si es pequeñito, cerraremos más los labios y diremos «Oh, es un perro muy pequeñiiiiiito!». Esto les ayuda mucho en la comprensión, ya que nuestra expresividad les estará aportando mucha más información.
- **Háblale mucho**. Cuéntale todo eso que veáis paseando, hazle muchos signos, señala cositas y describe eso que estás viendo. Todo

esto irá despertando su interés por lo que le rodea y, de forma pasiva, estarás trabajando mucho su vocabulario.

- **Cántale**. Más adelante dedicaremos un punto a la música y a las canciones. Es un recurso y un estímulo superimportante para hacer Baby Sign. Te invitamos a que cantes mucho a los peques y a que disfrutes del momento. Es un medio de enseñanza y diversión superdivertido y estimulante para ellos.

Enseñar los signos de forma natural y rutinaria

Enseñar los signos de la **forma más natural posible** es muy importante. **Es muy importante** también **no forzar situaciones**. Es decir, si nunca has utilizado una esponja para bañar a tu bebé, no lo hagas ahora solo por el interés de enseñarle ese signo y esa palabra.

¿Por qué te decimos que no lo hagas? Bueno, te lo decimos porque es muy probable que durante un par de días te concentres mucho en hacerlo pero luego, si en el fondo para vosotros la esponja no era algo muy imprescindible dentro de vuestra rutina de aseo, se os olvidará y puede que os frustréis al daros cuenta del olvido. Si además de hacer esto con la esponja lo hacemos con más objetos, alimentos, etc., estaremos «creando» situaciones que más adelante se pueden ir quedando en el olvido, ya que en verdad no forman parte de nuestro día a día.

Estáis introduciendo una técnica y un hábito muy nuevo en vuestra rutina. **Al principio os costará recordar los signos**, es posible incluso que

sean las ocho de la tarde y digas «¡Oh, no! Se me ha olvidado hacer signos hoy». **No pasa nada, es normal y a todos nos ha pasado**, incluidos nosotros cuando empezamos en este maravilloso mundo. Intenta no olvidarlos pero sé flexible contigo mismo, estás aprendiendo mucho y no debes ver el Baby Sign como algo duro o pesado.

No te pongas objetivos muy ambiciosos. Recuerda que se trata de disfrutar y pasarlo bien. Si sientes que te agobias con los signos y no sabes cómo organizarlos en tu cabeza y en tus rutinas, en el siguiente punto te contamos cómo hacerlo.

Escoger signos de forma orgánica

Muchas veces empezamos a hacer Baby Sign y nos agobiamos pensando: «Son muchos signos», «¿serán fáciles?», «¿me acordaré de hacerlos?»... En fin, pueden ser muchos los pensamientos que se crucen por tu cabeza, y es normal. Pero te decimos una cosa: no tengas miedo, disfruta del proceso. Vamos a explicarte cómo lograr hacer Baby Sign poco a poco y sin agobios.

SELECCIONAR SIGNOS ES ALGO QUE EN EL FONDO NO DEBERÍAMOS HACER, PERO VAMOS A EXPLICARTE CÓMO HACERLO DE FORMA ORGÁNICA PARA TRIUNFAR POR TODO LO ALTO.

Decimos que es algo que en el fondo no deberíamos hacer porque **podemos estar dejando muchos signos interesantes fuera**. Es decir, pensar «Esta semana voy a hacer el signo del *perro* y el del *pájaro*, que seguro que si insisto mucho los aprende» es incorrecto. ¿Por qué? Porque poco a poco vas a ir viendo que **lo que tú crees que puede ser interesante para ti puede no serlo para ellos**.

Puede que los signos que más le gusten a tu peque sean «árbol» y «gato». Es decir, sin querer estaríamos dejando pasar esos signos, y sería una pena. O si a tu peque le encanta comer y no le haces esos signos, estarás perdiendo otra gran oportunidad.

También es muy habitual que con las prisas del día a día, con la rutina, y con toda nuestra alegría, amor e ilusión, nos pongamos a hacer determinados signos que hemos seleccionado para nuestro peque durante la **cena**, o durante la **hora del baño**. Pero ¿te has parado a pensar que no a todos los bebés les gustan esos momentos? En ocasiones están **cansados**, y otras veces por ejemplo hay algunos a los que les **asusta** el momento del baño y pueden estar **poco receptivos**. En este caso, si no tienes muchos más momentos a lo largo del día, deberíamos analizar cómo introducirlos en esos ratitos. ¿Quizás un libro apto para el baño le llame la atención?

Identifica sus signos

Debemos intentar **observar a los peques e identificar momentos** que creamos que sean «**claves**» para enseñarles Baby Sign. Pero no momentos que sean claves o importantes para los adultos. Deben ser claves para ellos, para los peques.

Otra forma de reflexionar sobre el hecho de seleccionar signos es compararlo con el «habla». ¿Te diriges a tu peque solo con unas pocas palabras? No, ¿verdad? Al igual que les hablamos sin seleccionar un número concreto de palabras, no deberíamos preseleccionar una serie de signos.

Debemos pensar siempre que los signos que más pueden interesar o convenir a un adulto no tienen por qué ser los que tengan que interesar a un peque. Vemos casos de familias, aulas de escuelas infantiles y grupos de peques de una misma edad donde cada uno empieza con unos signos. Ellos tienen su personalidad y sus gustos personales. Son varios los casos que hemos tenido de mellizos y gemelos en los que a uno le interesa una cosa y al otro le llama la atención otra.

Si a un peque no le gusta comer, ten por seguro que no empezará con esos signos. Si por el contrario le encanta comer, no tardará en introducirlos en su rutina. Lo mismo ocurrirá con las canciones, los cuentos, la hora del baño, etc. Te lo contamos más adelante.

Hemos preparado una serie de pautas para que lo hagas superbien:

1. Como ya te hemos adelantado, escoge los signos que se relacionan con tus **intereses** pero sobre todo con los de los **peques**. Es más probable que los peques aprendan signos de cosas que les gustan a ellos. Nunca olvides esto, ellos son nuestro principal objetivo. Luego tendrás mucho tiempo para enseñarles signos que te gusten a ti, pero deberás esperar a sentir que ya tienen soltura contándote cosas con signos.

2. **Debes observarlos mucho**. Escoge los signos de las cosas que el peque todavía no pueda decir y notes que le llaman la atención. Tendrás que estar atento, y por ejemplo si estáis paseando por la calle y notas que tu peque observa mucho las hojas de los árboles, deberás hacerle esos signos. **Es muy probable que captes mucho más su atención con eso que tanto le asombra que con otra cosa**.

    También puede ocurrir que en una fase un poco menos temprana veas que el peque **se agobia señalando algo que quiere y no alcanza**; **acércaselo** y aprovecha para hacerle el signo y que se sienta más seguro la próxima vez. Estas situaciones también pueden ser un momento muy bueno para que aprenda signos. No olvides que uno de los objetivos principales de enseñar signos es ayudar a los niños a comunicarse cuando todavía no tienen una manera de expresarse por sí solos con palabras.

3. Acuérdate de escoger **signos para momentos de máxima atención**; los llamaremos *signos de atención* o *de seguridad*, como por ejemplo: «**dolor/pupa**» o «**ayuda**». Estos signos son muy valiosos para situaciones de alerta, prevención o estrés para los peques.

    Poder alertar a un peque de que no toque algo o de que no se suba a algún sitio, es decir, a modo de **advertencia**, porque le puede hacer «**daño/pupa**», o saber si algo le duele y que te pueda contar **dónde siente ese dolor**, es algo realmente fabuloso.

Dolor

Ayuda

Y por último, el signo de «ayuda» es un signo valiosísimo cuando vemos que, por ejemplo, están intentando hacer algo y no lo logran. ¿Cómo actuamos? ¿Intervenimos rápidamente? No. Debemos observarlos, darles su tiempo y espacio y esperar a que nos busquen con la mirada pidiendo ayuda. Si no nos miran pero sentimos que están empezando a ponerse nerviosos y que pueden echarse a llorar, les diremos «¿Te *ayudo*, mi amor?».

4. Hay dos signos que previenen muchísimo la frustración de los peques (y de los adultos) y que siempre les interesan. Son «**más**» y «**terminado**». Estos signos son sencillos de introducir en la rutina de la comida, pero no olvides que sirven para cualquier momento del día. Por ejemplo, si ves que el peque quiere estar más tiempo en la bañera porque

Más   Terminado

al ir a sacarle se queja, diremos «¿Más, mi amor? ¿Quieres *más*?», y entenderá que cuando hacemos ese signo le dejamos chapotear más tiempo. Y el signo de «terminado» nos valdrá también, por ejemplo, cuando vea que ya no quiere jugar más con un juego y nos lo da, o ha terminado de beber y nos está devolviendo su vasito; le diremos «¿*Terminado*? ¿Has *terminado*?».

5. **Alimentación**. La etapa en la que se introduce la alimentación complementaria y el Baby Sign es la misma, y vamos a aprovecharlo. Es un momento maravilloso de descubrir sabores, texturas, formas... Si detectas que hay unas **cosas que le gustan más que otras**, buscaremos esos signos y dejaremos de lado todos aquellos signos de alimentos que todavía el peque no ha probado. Así estaremos descartando una infinidad de alimentos, pero lo estaremos haciendo de forma orgánica y correcta, ya que los introduciremos más adelante.

6. Su **libro favorito** será un gran aliado. Si has observado que tiene un cuento favorito, aprovéchalo para hacer Baby Sign. Busca en el cuento qué animales salen, o qué aparece, y **enséñale esos signos** con mucha alegría y emoción. Si por ejemplo son animales, haremos los signos de estos animales antes de introducir el resto de animales.

7. Escoge **signos de vuestra rutina**. Para saber cuáles son esos signos, deberás hacer un pequeño y sencillo ejercicio. Analiza durante **2 o 3 días** todo aquello que compone vuestro día a día. Es decir, si por ejemplo vivimos cerca de la costa, tenemos un perro en casa, en el coche hay un parasol de animales, su cuento favorito es de comidas, y su juguete con el que siempre se baña es un pulpo... tendremos que anotar todos esos signos e intentar hacerlos siempre. Estarán muy expuestos a ellos y será mucho más fácil que aprendan el signo de la arena que el signo de un río si lo que ven por la ventana de casa es la playa. No olvides nunca que cuanto más repitas un signo, más fácil será para los peques aprenderlo.

En resumen:

- Ellos son los protagonistas.
- Hay que observarles y ser flexibles.
- No olvides signos para evitar frustraciones.
- No olvides los signos de atención y de seguridad.

- El «más» y el «terminado» son siempre unos buenos aliados.
- Todo lo que sean cosas favoritas te ayudarán muchísimo. Comidas, libros...
- Coge una libreta y anota durante unos días todo aquello que os rodea, así no los olvidarás.

Si hubiera que decir una cifra, esta podría ser de unos 30 signos básicos o fundamentales. Parecen muchos, pero ya verás que no lo son.

NUNCA OLVIDES QUE DEBERÁS IR INTRODUCIENDO MÁS SIGNOS POCO A POCO, Y ADEMÁS TENDRÁS QUE TENER LA MENTE BIEN ABIERTA PARA DETECTAR POSIBLES SIGNOS QUE PUEDAN INVENTARSE LOS PEQUES. ¡MUCHAS VECES TE TOCARÁ DESCIFRAR SU SIGNIFICADO!

EJERCICIO

Te dejamos aquí una serie de preguntas que te ayudarán a identificar vuestros signos más básicos:

- El momento favorito del peque es...:
- Los animales que le gustan son...:
- Las canciones que más le llaman la atención son...:
- Su juego favorito es...:
- Su comida favorita es...:
- En la rutina del baño siempre jugamos con...:
- Cuando salimos a pasear siempre vemos...:

El momento «ideal»

Por «poder», puedes empezar desde ya, incluso si no tienes peques. Pero vamos a ver cuál es el «momento ideal».

El momento ideal para disfrutar del proceso con calma y poco a poco es a **partir de los 6 u 8 meses del bebé.**

ESTE MOMENTO ES ALGO «IDEAL», ES DECIR, NO TIENE POR QUÉ SER ASÍ. NO ES ESTÁTICO Y NUNCA ES TARDE PARA EMPEZAR. SIEMPRE SE PUEDE EMPEZAR ANTES Y SIEMPRE SE PUEDE EMPEZAR DESPUÉS.

· ·

Más adelante veremos que lo más importante para triunfar con el Baby Sign es ser **constante**. A nosotros nos encanta poneros ejemplos, y en este caso el ejemplo es: **tu peque aprenderá mucho antes los signos si eres constante. Es como ir a clases de inglés dos veces a la semana o siete veces**.

DURANTE EL PROCESO DE APRENDIZAJE, SE DIFERENCIAN *DOS FASES DE FORMA MUY CLARA*, LA FASE DE RECONOCIMIENTO O IDENTIFICACIÓN DEL SIGNO Y LA FASE ACTIVA DE HACER EL SIGNO.

· ·

Más adelante, desgranaremos este proceso de forma detallada y suponiendo que empezamos a partir de los seis meses, pero primero entendamos estos dos grandes momentos.

1.º Fase de reconocimiento o identificación del signo

Esta fase es fundamental durante el aprendizaje y nos orientará para saber que estamos yendo por buen camino.

ES MUY PROBABLE QUE CUANDO EMPIECES A HACER BABY SIGN TE SIENTAS UN POCO PERDIDO O PERDIDA. AL PRINCIPIO, LA SENSACIÓN ES MUY EXTRAÑA PORQUE HACES SIGNOS A UN BEBÉ QUE MUCHAS VECES NI TE MIRA, Y CUANDO LO HACES, SIENTES QUE TU BEBÉ NO ENTIENDE POR QUÉ HACES ESO CON LAS MANOS. SI A ESTO ADEMÁS LE SUMAMOS LA OPINIÓN DE LAS PERSONAS DE TU ALREDEDOR, O QUE SEAS LA ÚNICA PERSONA QUE SIGNA AL PEQUE, PUEDE QUE NO AYUDE Y CREAN QUE ESO QUE ESTÁS HACIENDO NO TIENE NINGÚN SENTIDO, Y TE SIENTAS UN POCO JUZGADO. ESTO OCURRE POR PURO DESCONOCIMIENTO DE LA TÉCNICA. PERO PARA ESO ESTAMOS NOSOTROS AQUÍ.

Como hemos comentado anteriormente, el Baby Sign se inició en los años 80 en los Estados Unidos y poco a poco se fue extendiendo por todo el resto del continente americano, Europa, Asia, etc. hasta terminar haciéndose internacional. ¿Qué queremos decir con esto? Lo que intentamos transmitir siempre es que porque algo haya llegado aquí hace relativamente poco tiempo, no quiere decir que no funcione, que no sea útil o que sea una «moda pasajera». Todo lo contrario.

¿Y cómo voy a saber que me encuentro en esa fase? No te preocupes porque te prometemos que te vas a dar cuenta al 100 %.

DEBES ESTAR ATENTO, Y SI SIENTES O PERCIBES QUE EL BEBÉ PUEDE EMPEZAR A TENER HAMBRE, SE EMPIEZA A PONER UN POCO NERVIOSO Y AL HACERLE UN SIGNO SE RELAJA, SONRÍE O ESCUPE EL CHUPETE… ES DECIR, SI SIENTES QUE HAY ALGO EN SU EXPRESIVIDAD QUE CAMBIA Y QUE ÉL REACCIONA FRENTE A TU SIGNO… ¡ENHORABUENA!, LA COMUNICACIÓN ESTÁ ESTABLECIDA. FRENTE A UNA ACCIÓN HAY UNA REACCIÓN. TU PEQUE YA TE ESTÁ EMPEZANDO A ENTENDER, Y ELLO LE HACE MUY FELIZ.

Un ejemplo muy común es hacerles el signo del baño y que se pongan muy contentos.

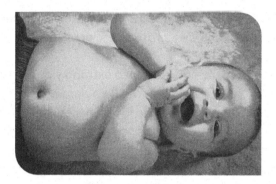

Este momento es un **MOMENTAZO**. Han pasado varias semanas desde que empezaste a hacer Baby Sign y por fin empiezas a ver el resultado.

SI HAS EMPEZADO A HACER BABY SIGN ALREDEDOR DE LOS 6 MESES, LO MÁS PROBABLE ES QUE ESTE MOMENTO TE LLEGUE HACIA LOS 8 MESES.

· ·

Ahora lo que debes hacer es ser lo más **constante** posible. Sigue así porque vas por muy buen camino, repasa los signos, introduce signos nuevos e **intenta involucrar a más gente**.

2.ª Fase activa de hacer el signo

Después de esas semanas en las que has estado haciendo un montón de signos, etc., de pronto un día llega el **SUPER-MOMENTAZO**.

Es muy probable que al principio dudes mucho sobre si lo que está haciendo es un signo o no lo es. También es muy posible que de pronto veas al peque haciendo el signo él solo por su cuenta y pienses: «¿Eso que está haciendo es un signo?».

Esta fase **llega alrededor de los 12 meses**, y como te decimos es muy probable que experimentes estas dos situaciones:

1. **Ves que te hace un signo un poco extraño y que lo repite cuando te ve**. ¡Felicidades, está signando! Pero claro... ¿qué te está diciendo con ese signo tan extraño? ¿No lo reconoces, verdad? Es normal. Al igual que las cosas a los adultos no nos salen bien siempre la primera vez que las hacemos, a ellos les ocurre lo mismo. Su motricidad fina o habilidades motoras finas están desarrollándose y están aprendiendo a coordinar sus movimientos.

   ESTÁN APRENDIENDO A CONOCER Y RECONOCER SUS MANITAS. CADA UNO DE SUS DEDITOS ES UN DESCUBRIMIENTO, Y LES FASCINA DISFRUTAR DE ESOS GESTOS TAN DIVERTIDOS QUE PUEDEN HACER.

   Esto conlleva que los signos los hagan como mejor «saben/pueden». **Te tocará interpretar el signo que te está haciendo**. Tendrás que analizar la situación y contexto en el que te lo hace y adivinar qué está intentando contarte. No te agobies, verás que es mucho más fácil de lo que piensas. Más adelante, en la sección práctica de la guía, te contamos trucos para poder identificarlos fácilmente.

2. **¿Eso que está haciendo es un signo?** Miras por el retrovisor del coche y ves a tu bebé sentado a contramarcha en la silla haciendo el signo de la leche, o del perro... y piensas «¡Oh, no! ¿Querrá leche?». Tranquilo, no, no quiere leche, está «**ensayando**» ese gesto tan nuevo y poderoso que hace que le traigan su alimento favorito.

   LOS PEQUES ENSAYAN SUS SIGNOS Y LOS ENTRENAN. ES SU FORMA DE IR DÁNDOLE FORMA A ESE GESTO TAN NUEVO Y DIVERTIDO.

¿Qué hacer en estas situaciones? ¿Le llevamos la leche?

No, cuando veamos que está haciendo el signo por su cuenta, le dejaremos tranquilo disfrutar del momento. No es necesario que le lleves la leche y no va a pasar nada porque no le respondas al signo. Sería un caso diferente si te lo estuviera haciendo a ti directamente, pero como ese no es el caso, el peque en el fondo no está buscando nuestra atención.

Si ves que de pronto te mira y te reclama con el signo, respóndele diciendo la palabra del signo con mucha alegría y entusiasmo. El peque debe sentir que ese gesto te ha encantado, y así le motivamos a seguir haciéndolo.

EN RESUMEN, DENTRO DE LA MARAVILLOSA AVENTURA DE APRENDER Y HACER BABY SIGN CON LOS PEQUES, SE PUEDE DECIR QUE SE DIFERENCIAN TRES MOMENTOS O HITOS IMPORTANTES EN EL APRENDIZAJE:

12 meses
Fase activa

10 meses
Fase reconocimiento

Comenzamos a partir de los 6 meses

Recordaremos siempre que son edades orientativas

Otros momentos maravillosos

- Peques menores de 6 meses

  Si te encuentras en este momento, que sepas que no pasa nada. Lo que ocurrirá en tu caso es que el proceso se te hará un poco más largo, pero será igual de bonito.

  Hay una cosa que es muy importante saber, y es que **no por empezar antes un peque empezará a hacer los signos antes**. Bien es cierto que puede entenderlos antes[7], pero sus habilidades motoras finas, su capacidad de mantenerse sentado solo, o de tener las manos libres, entre otras cositas, no estarán desarrolladas del todo y por lo tanto no hará los signos de manera instintiva o autónoma. Lo que sí te ocurrirá es que tendrás más tiempo para aprenderlos, y eso ¡te hará saber muchos y poder aprenderlos con calma!

● Peques mayores de 6 meses

¡Sigues estando en un momento perfecto! Tenemos familias que los emplean incluso con 2 años. Lo bueno de empezar más tarde es que **verás los resultados de una forma más inmediata,** y la pequeña desventaja es que ¡tendrás que aprenderlos más rápido!
Algo también muy interesante es que en todas aquellas familias que comiencen a hacer Baby Sign después del año, sus peques aprenderán mucho más rápido. Serán más conscientes y tendrán más soltura.

Empezando a partir de los 6 meses y pasito a pasito

Poco a poco, a medida que van pasando los meses y ves que el peque tiene más y más soltura en su comunicación, irás notando que **deja de hacer**

---

[7]   La primera fase de reconocimiento o identificación del signo sí puede adelantarse.

los signos de las palabras, que antes siempre iban acompañadas de un gesto con sus manitas. **Saben expresarlas y se sienten confiados para decirlas de viva voz.**

> ¡Enhorabuena! Como bien sabes, ese es el fin del Baby Sign: aprender a decir las palabras y que poco a poco vayan dejando de necesitar sus manos.

Escalera de la evolución y el desarrollo del habla de los peques

Desde los inicios hasta la cima de la explosión del habla. Vamos a contarte, empezando a partir de los seis meses, cada uno de los hitos y pasos que iréis disfrutando en la aventura. Como ya hemos visto, los peques **comienzan observando las manitas y terminan usando solo las palabras**.

A medida que van descubriendo que hablar es una forma mucho más eficiente, graciosa, divertida y social que les permite comunicarse con todas las personas y no solo con aquellas que saben signos, los van abandonando poco a poco.

Además, **con las palabras pueden seguir jugando con sus manitas**, o seguir pintándote la pared de casa mientras te piden otra pintura, y no es necesario que los adultos les estén mirando. Sienten mucha más libertad y autonomía en su día a día y se lanzan a hablar un montón.

Palabra

Palabra+signo

Lo hace espontáneo

Le pides el signo y lo hace

Imita los signos que le haces

Se nota que entiende los signos

Mira tus manos, las observa y le gustan

1. **Observa las manos** (entre los **6 y los 8 meses**): el peque nota que algo ha cambiado en vuestra comunicación. Tus manitas han comenzado a moverse y eso le **hace gracia, le crean interés e incluso intenta cogerlas para jugar con ellas**. ¡Le parece divertidísimo! Tenemos que intentar atraer su atención hacia las manos para que sienta que son algo muy atractivo.

2. **Demuestra que entiende los signos** (alrededor de los **10 meses**): estaríamos en lo que hemos visto que es la «fase de reconocimiento del signo». Si has sido constante, sentirás cómo poquito a poco tu peque empieza a diferenciar unos signos de otros y percibes que empieza a entenderlos. Sentirás que los entiende porque frente a un signo vas a ver que se produce una reacción en su carita, en su cuerpo, etc. **Frente a tu acción habrá una reacción**.

3. **Imita los signos** (alrededor de los **12 meses**): estaríamos en lo que hemos visto que es la «fase activa de hacer el signo»: alrededor del

año podrás empezar a notar que tu peque empieza a ensayar haciendo signos y que empieza a mirarte cuando los hace. Tu peque ya siente que puede hacer los signos y que tiene el poder de comunicarse con sus manitas. Acabas de hacer uno de los regalos más preciosos que jamás harás a tu peque y siempre lo recordarás. Al igual que no olvidarás sus primeras palabras, sus primeros pasos... no olvidarás sus primeros signos y un millón de anécdotas más que vais a vivir.

4. **Hace los signos cuando se le piden**: este momento de interacción con los peques es fabuloso. Por ejemplo, les dices: «Mi amor, cómo se hace *perro*?», y entonces ellos lo hacen. O por ejemplo, les dices: «¿Tienes *hambre*, mi amor? ¿Cómo hacemos *hambre*?», y ellos nos lo hacen. Te pones superfeliz, les felicitas y ellos se sienten genial. Se establece un momento de juego y de conexión muy divertido. Estáis superconectados. Aquí solo hay una pequeña cosita que debemos evitar y que es muy importante.

TENEMOS QUE ESQUIVAR, ELUDIR O ESCAPAR (PODEMOS LLAMARLO COMO QUERAMOS) DE QUE CADA VEZ QUE LLEGUE UN ADULTO LE HAGAMOS HACER AL PEQUE UN *SHOW*. ES DECIR, QUE ALGUIEN CON SU AFÁN DE MOSTRAR LO MARAVILLOSO QUE ES EL BABY SIGN EMPIECE A DECIR AL BEBÉ «¿Y CÓMO SE HACE ÁRBOL? ¿Y CÓMO SE HACE FLOR? ¿Y CÓMO SE HACE LEÓN?».

No estamos diciendo que no lo hagáis, pero hay que saber diferenciar el momento. Si el peque está en un momento de juego, en un momento activo y le notas que tiene ganas de hacerlos, no habrá ningún problema, los hacéis, y vais a pasarlo en grande, pero si sientes que es algo un poco «forzado» para el bebé o que no es el mejor momento, intenta evitar estas situaciones.

No olvides que los peques deben sentir y reconocer el Baby Sign como algo atractivo y divertido. Si empiezan a sentir que les aburre o que se les «impone» de alguna manera, será nocivo para su aprendizaje.

5. **Hace el signo de forma espontánea**: ¡enhorabuena! Este es el instante que tanto tiempo llevabas esperando.

6. **Usa el signo y la palabra como colaboradores**: es muy frecuente ver a peques usando **ambos métodos, palabras y signos a la vez**.

Esto se da sobre todo cuando la palabra acaba de aparecer. Se trata de algo **muy útil para entenderles**, porque normalmente todavía no saben verbalizarla correctamente y aclara aquello que los peques necesitan o están tratando de expresar.

Lo normal es que las primeras palabras no suenen perfectas, por lo que emplear un signo y una palabra a la vez pueden ayudar mucho a clarificar la intención del peque, como por ejemplo: «¿*Tu-tu-ga*? ¡Oh!, te refieres a *tortuga*!».

7. **La palabra**: finalmente **los signos van desapareciendo**. Esta fase es muy normal que os dé cierta pena. Debemos recordar que el objetivo del Baby Sign es comunicarse con los bebés antes de que estos puedan empezar a hablar. Y claro, si no hay nada que interfiera en el desarrollo del habla del bebé, este momento llegará y el peque irá dejando de hacer los signos poco a poco. Desaparecerán, y todo serán palabras.

Los signos se mantienen para emergencias o para enfatizar

Incluso después de la transición a las palabras, los peques **pueden volver a hacer signos en diferentes ocasiones**. Cuando sus bocas están llenas, o por ejemplo las personas que tienen que escucharles están lejos para oírles bien, o hay algún tipo de barrera física que impida una buena comunicación, los peques pueden usar signos en vez de palabras.

Otro ejemplo muy común es su uso cuando los chiquitines no obtienen la respuesta deseada. En estos casos enfatizan su deseo añadiendo el signo para intentar obtener el resultado que desean. «Mamá, quiero más... Más, mamá... Mamá, yo quiero más + *más* (signo)».

CÓMO DEBEMOS
CORREGIR
A LOS PEQUES

Antes de nada, lo primero que vamos a hacer es ponernos un poco en antecedentes. Repasemos un poco cómo y cuándo empiezan a emitir sus primeros sonidos los peques.

Alrededor de los **6 meses los peques comienzan a jugar mucho más con su balbuceo**. ¡Quieren experimentar con su voz, y lo pasan en grande! Tratan de emitir sonidos que **llamen nuestra atención** y con todo ello empiezan a practicar y a ejercitar su aparato fonador. Debemos responder a ese gorjeo, a esos sonidos, a esa alegría con la que nos miran y nos emiten sus sonidos. **Cántale, háblale e imita sus sonidos**. Estarás animándole a que siga haciéndolos y se sentirá muy conectado contigo. Si desde pequeños les transmitimos la idea de la importancia de la comunicación, será mucho más sencillo que entiendan antes la importancia del Baby Sign.

EJERCICIO

Un ejercicio precioso para hacer desde que emiten sus primeros gorjeos y balbuceos: ¿quieres tener vuestras primeras conversaciones? Es muy sencillo, te contamos cómo puedes empezar a estimular la comunicación desde bien pequeño.

Material necesario: tu sonrisa y tu tiempo.

Cuando veas que emite un sonido mírale, dale un segundo, y responde con el mismo sonido o con uno diferente. Luego lo repetirá el peque, y así uno tras otro estaréis teniendo vuestra primera conversación, con sus pausas y sus intervenciones. De vez en cuando inserta una palabra, como puede ser por ejemplo «mamá» o «papá».

Qué vais a estimular con este ejercicio:

- La importancia de la comunicación.
- El apego.
- El respeto por lo que dice uno y otro.
- La diversión.
- El amor.

Errores que no debes cometer:

- Ignorarle.
- Interrumpirle.
- No mirarle.

Demuéstrale con tu expresividad que te está encantando todo lo que te «dice» y disfruta el momento.

Alrededor de los 8 meses empiezan a balbucear mucho más y empiezan a **repetir sílabas** de forma más intencionada y constante: «Ba ba ba, ma ma, pa pa...». Las que contienen por las letras m, b y p son mucho más sencillas de decir para ellos.

Pongámonos en su piel

¿Te acuerdas de cuando fuiste por primera vez a clases de idiomas y te hacían decir una palabra que jamás habías escuchado? ¿Te costaba, verdad? No te agobies, a todos nos ha pasado. Pues bien, imagínate cómo se siente un peque.

> IMAGÍNATE QUE ESTÁS EN UN LUGAR EN EL QUE NADIE, ABSOLUTAMENTE NADIE TE ENTIENDE. QUÉ AGOBIO, ¿NO? SERÍA COMO UNA PESADILLA, Y MÁS DE UNO PERDERÍA LOS NERVIOS SI NO LE ENTENDIERA NADIE. Y ELLOS, EN CAMBIO, SIGUEN INTENTÁNDOLO, Y NO LO DEJAN DE PROBAR HASTA QUE LO LOGRAN… ESTOS PEQUES SON ¡MARAVILLOSOS! DEBEMOS NO CENTRARNOS TANTO EN «CÓMO» LO DICE Y MÁS EN «LO QUE INTENTA DECIRTE», Y POR SUPUESTO, EN SU ESFUERZO POR LOGRARLO.

Consejos para corregirles adecuadamente

Lo primero de todo que vamos a recordar es que **cada peque lleva sus ritmos y debemos respetarlos siempre**. Las primeras palabras, si nada lo impide, llegan alrededor de los **12 meses**. Vamos a contarte unos consejos que os ayudarán mucho en la corrección y la estimulación del desarrollo del lenguaje.

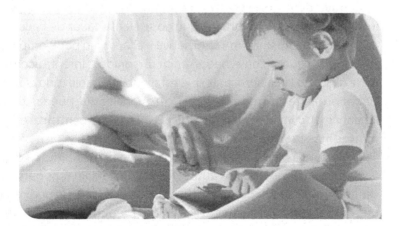

- **Intenta no corregir en todo momento.** Es decir, si ves que dice una palabra tipo «abua» o «aba» para referirse al «agua», la forma correcta y cariñosa de corregir será «Oh, mi amor, ¿quieres agua? Aquí tienes agua» (recuerda hacerle el signo). Con que nosotros repitamos la palabra bien expresada será suficiente.

  La corrección con el Baby Sign, será similar. Si hacen un signo de forma incorrecta, lo que haremos nosotros es **hacerlo delante suyo de la forma correcta y repitiendo la palabra**. Ellos, poco a poco, irán intentando colocar sus manitas como las nuestras. Su máximo deseo es ser y hacer todo lo que nosotros hacemos. Debemos tener la paciencia que ellos tienen y se merecen.

- **Evitaremos corregir con un «No, así no se dice», o incluso «No te entiendo nada»**, o como ya hemos adelantado, ignorarles. Se trata de errores muy comunes puesto que venimos de una educación en la que este tipo de acciones eran muy comunes y nadie las ponía en duda.

· · · **RECUERDA** ·

Si algo no lo saben decir no es porque no quieran, sino porque no saben decirlo. Imagínate en esa clase de inglés, tú intentando decir la palabra esa tan rara, con una profesora o profesor corrigiéndote así. Pensarías «¡Pues sí que me das ánimos!».

- **Un abuso de la corrección puede hacer que el peque deje de intentar decir esa palabra** porque no se sienta capaz de hacerlo, y es posible que busque una alternativa a ella, como por ejemplo un sinónimo, o señalar con el dedo, emitir un sonido... Intenta acompañarle diciendo la palabra, más que estar corrigiéndole todo el rato.

- En vez de fijarte en lo que hace mal, o en detalles que puedan hacerle sentir mal, como por ejemplo ridiculizarle, debes **centrarte en sus puntos más fuertes**, es decir, en las cosas que dice y hace bien. Si seleccionamos bien las palabras con las que nos dirigimos a él y le hablamos, reforzaremos su autoestima y ello le dará más ganas de sentirse animado y seguir intentándolo. Nunca jamás le pediremos que diga algo para escuchar lo mal que lo pronuncia y reírnos de él.

Además de ser una falta gravísima de respeto, el peque podría coger miedo a hablar.

Y lo más importante, no perder nunca nunca la **paciencia**. Seguro que vosotros lo hubierais agradecido. Somos su mayor ejemplo y, aunque sean muy pequeños, perciben y absorben todas nuestras sensaciones.

¿Le corrijo ese signo o no?

Verás que en muchas ocasiones, por más que repetimos de forma correcta un signo, ellos **no terminan de hacerlo como a ti te gustaría**. ¿Es eso incorrecto? No, para nada. Como hemos dicho, es «como a ti te gustaría».

Ese signo **será SU signo, vuestro signo más especial de todos**. Te contamos más en el siguiente capítulo.

Caso real:

Nuestro hijo mayor (comúnmente conocido de forma cariñosa como Ratón) empezó a hacer el signo de «árbol» al revés. Es decir, en vez de señalar con su manita abierta al cielo, lo hacía al suelo. Nosotros nos reíamos, le felicitábamos y nos encantaba. Le animábamos.

Decíamos que nuestro árbol era un estupendo sauce llorón. Estuvimos así muchos meses. Ese era «su signo», y de pronto un día empezó a hacerlo señalando al cielo. Nosotros habíamos estado haciéndolo así y un día él solito, sin forzar la mano ni nada, ¡lo hizo! Nos quedamos sorprendidos. Había estado mucho tiempo haciéndolo al revés, apuntando al suelo, e incluso ya era capaz de balbucear la palabra. Pensábamos que se iba a quedar así.

¿Nos alegramos? Sí, muchísimo. Se lo transmitimos y ya nunca volvió a hacer el sauce llorón. Nuestro árbol ahora era un árbol más del precioso bosque que Ratón nos había ido regalando en sus paseos. Nos encantó a la vez que nos dio pena.

10

CÓMO CORREGIMOS
LOS SIGNOS

Nunca diremos a un niño «Mal», «Te has confundido», «No te entiendo», «Si lo haces así, no sé lo que quieres»… Hay que **animarles**. Hay que reconocer su esfuerzo y no tanto si han logrado el objetivo. Hay que dejarles que busquen las soluciones y que así desarrollen sus capacidades de razonamiento, su creatividad, y en el caso del Baby Sign, sus habilidades motoras y comunicativas más básicas de esta etapa tan temprana.

Sonríe al peque y valora así su esfuerzo, hazle sentirse confiado en su aventura.

ACÉRCATE, Y CUANDO ESTÉS CERCA, HAZ EL SIGNO Y DI LA PALABRA CORRECTAMENTE COMO SI ÉL TAMBIÉN LO HUBIERA HECHO BIEN: «¡OH, MI AMOR! ¿QUIERES MÁS? ¡CLARO QUE SÍ! ¡MÁS (PALABRA + SIGNO BIEN HECHO)!», Y LE OFRECES MÁS, O JUEGAS MÁS, O LE DAS MÁS BESOS (LO QUE ESTÉ RECLAMANDO EN ESE MOMENTO).

En el caso, por ejemplo, de que ya no haya «más» porque se ha terminado, o porque ya no puede estar «más» tiempo en la bañera... Le diremos: «No, mi amor, *más* no podemos, ahora tenemos que ir a cenar» (y en este caso también haces y dices el signo del «más»). Iremos adaptando el signo a la situación.

Jamás ignores a un peque

Algo que no debes hacer nunca es **ignorar** un signo, o un intento de signo. No se puede mirar a otro lado o hacer como que no te lo está pidiendo. **El peque se sentirá triste, no entenderá qué pasa y se sentirá minusvalorado**, creyendo que su esfuerzo no ha merecido la pena. Las **neuronas espejo**, que son las responsables de ayudar a los peques de forma automática a **entender las emociones y comprender mejor a sus modelos a seguir**, es decir, a las personas que les rodean y que interactúan con ellos, estarán aprendiendo en este caso algo muy negativo.

··· RECUERDA ···

Siempre que haya algo que no te gusta que te hagan como adulto, jamás deberás hacerlo con un bebé. Su capacidad de razonamiento es limitada y el respeto que merecen es infinito.

Sin saberlo, estaremos enseñando a ese peque que las necesidades y los problemas de los demás no son importantes. Los niños viven en un estado constante de aprendizaje.

VALORAR SU ESFUERZO HARÁ QUE EL PEQUE DESARROLLE UNA GRAN CONFIANZA CON SU MADRE, SU PADRE O LAS PERSONAS QUE LE RODEAN, Y SABRÁ PERFECTAMENTE QUIÉN LE RESPONDE A LOS SIGNOS, QUIÉN LE ENTIENDE Y QUIÉN ESTÁ DISPUESTO A ENSEÑARLE A DESCUBRIR LO MARAVILLOSO QUE ES EL MUNDO QUE LE RODEA.

· ·

No olvides nunca que el Baby Sign refuerza el **vínculo afectivo** con los peques, saliendo de todo ello unas relaciones y un amor **inconmensurable**.

Mamá

Leche

Libro

EL BABY SIGN
Y LA LECTURA

Debemos **crear y fomentar el hábito de la lectura desde muy bebés**. Habrá quien piense: «¿Pero tan pequeños se puede?». Sí, claro que se puede, y el Baby Sign te va a ayudar a pasar unos ratos de apego, desconexión, risas y amor indescriptibles.

Al principio verás que es algo complejo. Los peques intentan coger tu libro de la mano, no te miran, no te hacen nada de caso y parece que eso no les interesa lo más mínimo, pero poco a poco, siendo constantes y con todas las pautas que te vamos a dar, vas a lograr hacer de este ratito algo precioso. Te prometemos que poco a poco **llegará el día en que te presten toda la atención del mundo**. Al igual que un día cogerán el tenedor y se lo llevarán a la boca ellos solos, te prometemos que cogerán el libro, es solo cuestión de paciencia.

Solo la repetición hace la costumbre.

Beneficios de leer a los bebés

- Aumenta su **vocabulario**.
- Ayuda a introducir muchos **conceptos**: frutas, números, animales, colores, sentimientos...
- Aumenta y desarrolla sus aptitudes de **paciencia** y **memoria**.
- Aumenta su interés por querer **conocer** todo aquello que les rodea.
- Leer les ayuda a **entender** que pueden compartir sensaciones, emociones o situaciones gracias a las historias que les cuentan los libros. Por ejemplo, podemos ayudarnos de un libro para retirar el chupete, o que el personaje se sienta triste cuando no encuentre su chupete. Este tipo de semejanzas les ayudan a entender diversos momentos y son una forma muy buena de acompañarlos en muchos de sus hitos.
- Disfrutas de un maravilloso ratito a solas con tu peque para «**desconectar**». Es decir, ayuda a que desactivemos el «piloto automático» con el que vamos por la vida muchas veces sin querer.

Cómo contar el cuento o libro

1. Si estáis empezando con esta preciosa rutina y todavía no tenéis ningún cuento favorito ni nada, **preséntale el libro** y así sabrás si le gusta. Más adelante verás que un buen consejo es que sean ellos los que escojan el cuento que quieren que les contemos. En este caso les diremos algo del tipo «¡Oh, qué bien! Vamos a leer el libro de x!». No olvides que todo aquello que surja del deseo de tu peque será muchísimo

más interesante para él. Y no olvides que si notas que has captado su atención aprovecha para insertar el signo un par de veces más.

2. **Hacemos el signo** de libro mínimo un par de veces.

3. **Repite el nombre o la temática** del libro para que vaya aprendiendo a referirse a él.

4. **Deberás leer con mucha ilusión**, modificar tu **voz** y meter **onomatopeyas** y **sonidos** según lo que le vas contando. La expresividad y la comunicación gestual que hagas para envolver las palabras y signos que haces son fundamentales para captar su atención.

5. Si tu peque emite algún sonido para referirse a algo que está viendo, **imítale y agradece con la mirada su esfuerzo**. Estarás favoreciendo su comunicación a la vez que estarás transmitiendo la idea de que lo que tú le estás contando es igual de importante que lo que él te cuenta; es decir, estaremos trabajando el respeto.

6. Busca aquellas imágenes de las que recuerdes los signos y hazlos. No te agobies si no sabes todos los signos. Recuerda que **los peques no buscan que seas un experto**. Cuando les contamos un cuento, lo que buscan más allá del libro es amor, alegría y conexión contigo.

7. Si puedes y le gusta al peque, cuéntale el cuento un par de veces. De esta manera **repasáis** juntos los signos. Quizás no sea necesario contarlo entero otra vez. Simplemente puedes ir a esas páginas que más le han gustado y repasáis juntos los signos.

8. ¡Cuenta el cuento con tanta ilusión que tu peque piense que estás como una cabra! Arráncale sonrisas, momentos de intriga y mucha diversión. ¡La lectura es aventura!

9. Cuando el peque ya sepa hacer signos, dile **que sea él quien te cuente lo que ve**. Es una maravilla verles repasar los signos, interpretarlos y sentirse empoderados contándonos ellos a nosotros el cuento.

PARA CAPTAR Y AUMENTAR EL TIEMPO DE ATENCIÓN DE LOS PEQUES NO OLVIDES METERTE MUCHÍSIMO EN LA HISTORIA QUE LE ESTÁS CONTANDO, HAZ RUIDOS Y SONIDOS. GESTICULA MUCHO Y METE ONOMATOPEYAS. HAZ DEL MOMENTO DE LA LECTURA EL RATITO MÁS TIERNO, DIVERTIDO Y ENTRETENIDO DEL DÍA. SEÑALA LA IMAGEN DEL ANIMAL QUE ESTÁIS VIENDO JUNTOS E IMITA SU VOZ. INTERACTÚA MUCHO CON TU PEQUE, Y SI SIENTES QUE EMITE SONIDOS, ALABA ESE ESFUERZO.

> No es tanto lo que le estás contando,
> sino cómo lo estáis pasando.

Otros consejos muy interesantes

- **Que escoja él qué libro quiere que le cuentes**: como ya hemos mencionado, deja que seleccione el cuento que más le gusta, luego si quieres puedes contarle otro que te interese más. Pero si quieres lograr su atención, ten paciencia, y aunque se lo hayas contado cien veces, nunca es tarde para una ciento y una vez.
- **Biblioteca**: sitúa los libros a su altura. Bien con unas baldas en la pared, o si no, dentro de una cesta colocada en el suelo o a su altura. Es muy importante que escojan ellos los libros que más les gustan. Esto te ayudará mucho a captar su atención.
- **Ten más de un libro a mano**: verás que las primeras veces tu peque solo querrá coger el libro que tienes en la mano. Lo cogerá para chuparlo, morderlo, tirarlo... No te agobies, es una fase un poco frustrante algunas veces, pero es pasajera. La solución es tener más de un libro cerca y así no te importará coger otro.
- **Esquinas redondeadas**: por favor, selecciona libros que tengan las esquinas redondeadas para evitar **accidentes**.

- **Libros de cartón**: los libros de cartón son sin duda la mejor opción para empezar con los bebés. Son más **resistentes** y les permite pasar mucho mejor las páginas; además, mejoran su **autonomía** y estimulan sus **habilidades motoras finas**.
- **Distancia**: es tentador sentarse un poco lejos del peque para que así no llegue a poder coger el libro, pero esto no es correcto. La distancia máxima a que debe estar el peque es la que le **permita llegar a tocar una ilustración** con su dedito para preguntarte por algo que está viendo. Tampoco deberemos poner obstáculos, como cojines, para evitar que nos coja el libro.
- **Altura**: este punto va de la mano del anterior. Debemos sentarnos a su altura. Si estáis en el suelo, podréis poneros encima de unos cojines, o si no, encima de la cama... donde más os guste, pero los peques deben sentirnos bien cerca y es muy **importante que vean bien las ilustraciones** que les estamos mostrando y signando.
- **Con un libro**: vayas donde vayas, lleva siempre un libro. Los hay muy manejables y siempre serán un buen **aliado frente a los móviles y las pantallas**. Intenta huir de este tipo de entretenimientos.
- **Ve poco a poco**: lo importante al principio es leer unos **pocos minutos**, pero hacer de ello algo **rutinario**. No creas que las primeras veces vas a poder contarle un cuento entero, deberás ir poco a poco. Estos ratitos se irán alargando, y serán mágicos.

- **Improvisa**: no te centres en contar la historia completa. Si hay alguna página que le llama más la atención que otra y quiere quedarse en ella, no pasa nada. Improvisar con los peques es algo muy necesario.
- **Calma**: intenta **no fijar metas u objetivos muy ambiciosos**. El «momento ideal», el «libro ideal» y el «cuento ideal» no existen. Debes adaptarte y disfrutar, esa será vuestra mejor historia.
- **Ejemplo**: que os **vea leer** en casa. Este consejo suena casi a «mito», «¿cómo voy a leer delante suyo si tengo que cuidarle?». Es complicado, lo sabemos. Pero si por ejemplo alguien puede ayudarnos y jugar con el bebé, sería estupendo que la otra persona pudiera disfrutar de unos minutos de lectura cerca de él.

· · · RECUERDA ·

Ellos quieren ser como nosotros, y todo lo que aprenden es por pura imitación. No hay nada como ser su mejor ejemplo.

Qué libros escoger

¿Con muchas ilustraciones? ¿Con muchos textos?

Es bueno empezar por libros que tengan **grandes ilustraciones y poco o nada de texto**.

Libros mudos

Los libros que **no tienen textos** son conocidos como «libros mudos». Estos libros pueden ser los típicos libros de **tela** o libros de **plástico** aptos para la bañera.

No tienen texto, y la historia la van conformando las ilustraciones que aparecen. Estas ilustraciones pueden tener conexión entre ellas, o no. Suelen ser libros de tela en los que en una página aparece una jirafa, luego en la siguiente hay dos monos, y así sucesivamente.

Como característica común, las páginas suelen tener diferentes texturas. Muchas veces incorporan también espejos o pequeñas bocinas y mordedores, que les gustan mucho.

UN LIBRO SIN TEXTO AYUDARÁ MUCHO A QUE CADA PERSONA QUE
LE CUENTE EL CUENTO SE LO CUENTE DE UNA MANERA DIFERENTE.
¡VIVA LA IMAGINACIÓN! ADEMÁS, AL NO TENER TEXTOS, NO TE
SENTIRÁS OBLIGADO A HACER LOS SIGNOS DE LO QUE ESTÁ
ESCRITO EN ÉL. DEBERÁS DESCRIBIR LO QUE VES Y TE SENTIRÁS
MÁS LIBRE DE PODER APLICAR LOS SIGNOS QUE MEJOR TE SABES.

Libros tipo diccionario

Estos libros suelen ser libros **temáticos**, y son muy interesantes. Suelen llamarse *Mi primer libro de animales*, *Mi primer libro de colores*...

Con estos libros podrás **repasar** los temas que más te interesen. Te recomendamos que antes de sentarte con tu peque repases los signos que aparecen, y así no se te olvidará ninguno.

Si aparece algún animal o algo de lo que no conoces el signo, no olvides que el «truco» en estos casos es recurrir siempre al «familiar más cercano»; es decir, si aparece una pantera, como pantera no tiene signo podemos decir «Pantera, ¿es como un *gato*, verdad?», y nos acariciamos los bigotes como si fuéramos un gatito. Haremos lo mismo si vemos una mandarina (será una naranja), si vemos un girasol (será una flor), etc.

Gato

Naranja

Flor

··· **RECUERDA** ··

Poner entonación, entusiasmo y mucha alegría.

Fabrica tu propio libro

¿Has observado qué cositas son las que más le interesan? ¿Eres manitas? Que sepas que para hacer esto no necesitas gran destreza y a los peques ¡les encanta!

Solo **necesitas buscar imágenes, colores, fotos de familiares**... lo que más te guste, imprimirlas y llevarlas a **plastificar** (por favor, es muy importante que en el plastificado las esquinas estén redondeadas), verás qué maravilla. Para **unirlas** puedes hacerles un agujerito y atarlas con un cordón.

Algo muy bueno de este tipo de libros es que puedes presentar y hacer solo aquellos signos que conocéis, o que más utilizáis en las rutinas. Pero cuidado, **no olvides ampliar esos signos**. Recuerda que cada día los peques querrán saber «más y más». Deberás ir metiendo nuevas imágenes para ampliar ese vocabulario.

Si te gusta trabajar con fieltro, que sepas que este textil también es buenísimo para crear tu propio cuento.

Y por último, puedes hacer tantos libros como temas os gusten. Libro de los transportes, de las frutas, de las rutinas, libros de varias cositas a la vez... lo que quieras.

Otra idea para cuando sean más mayores es que cojas todas esas ilustraciones y dejes que sea tu peque quien las seleccione. Por ejemplo, deshaces todos los libros que habías hecho y le dejas **que escoja lo que más le gusta de cada uno de ellos**. Luego los vuelves a unir con el cordón o con el material que habías empleado para juntarlas. ¡*Et voilà!* Tu peque ya es un pequeño «autor» y ha editado su primer libro.

Libros con pestañas o *pop ups*

Estos libros son muy **atractivos** para los bebés pero son muy **delicados** para edades tan tempranas. Son libros que detrás de las pestañas esconden una sorpresa, o en los que al pasar la página aparece por ejemplo un árbol gigante.

Este tipo de libros son muy interesantes puesto que, además de sorprenderles mucho y captar su atención, favorecen las **habilidades motoras finas** de los peques. Deberás tener mucha **paciencia** si tu bebé quiere cogerlo, o arranca sin querer una pata a un animal. El pegamento o la cinta adhesiva son grandes aliados para estas ocasiones.

Libros con rimas o canciones

Vas a poder encontrar libros en el mercado que están pensados para ser cantados, o cuyas líneas son unas divertidas rimas. Estos libros son una buenísima opción para los más pequeños. **La música y las rimas ayudan a mantener captada su atención gracias a los tonos melodiosos**.

LA MÚSICA
Y EL BABY SIGN

Está comprobado que los peques al nacer son capaces de reconocer música y voces que fueron escuchando antes de nacer en su etapa intrauterina. La música, los sonidos y las melodías son muy estimulantes y beneficiosas en múltiples sentidos para los bebés, y con el Baby Sign forman una combinación perfecta.

En un estudio de la Universidad Brigham Young, en Estados Unidos, vieron cómo un bebé de nueve meses es capaz de diferenciar la música alegre de la música triste y percibir y diferenciar una cara alegre de una cara triste.

¿Sabías que un bebé es capaz de saber
si su madre o su padre están tristes
según el tono y la melodía de su voz?

UN BEBÉ QUE NACE Y CRECE EN UN HOGAR «MUSICAL»
DESARROLLARÁ UNA CAPACIDAD PARA PERCIBIR LA MÚSICA
DE FORMA MUY POSITIVA EN SU DESARROLLO EMOCIONAL Y
COGNITIVO. ENTRE OTROS BENEFICIOS, LA MÚSICA, ADEMÁS DE
CALMARLES O ALEGRARLES, LES AYUDA A DESARROLLAR LAZOS
SOCIALES CON OTROS PEQUES, QUERIENDO BAILAR JUNTOS,
COPIANDO GESTOS Y MOVIMIENTOS ENTRE ELLOS, LES AYUDA A
DESARROLLAR LA IMAGINACIÓN YA QUE INTENTAN VISUALIZAR LO
QUE LA LETRA DE LA CANCIÓN DICE, LES AYUDA A DESARROLLAR
EL LENGUAJE YA QUE QUIEREN CANTAR LA CANCIÓN, LES AYUDA
A ESTIMULAR LOS MOVIMIENTOS DE SU CUERPO BAILANDO, Y
MUCHOS BENEFICIOS MÁS.

Signos y música como aliados

Como decíamos al comienzo del capítulo, el Baby Sign y la música son una combinación muy buena. Una forma muy bonita de introducir los signos es a través de la música. Las canciones captan su atención hacia nuestras manitas y les fascina ver cómo las movemos a la vez que les cantamos.

Las primeras semanas introduciendo el Baby Sign en la rutina pueden resultar un poco extrañas ya que les hacemos signos pero muchas veces no nos miran. Les haces el signo y ¡zas!, justo mueven la cabeza y miran al lado contrario. Esta sensación es supernormal y no debes preocuparte. La música nos ayudará a atraer la atención de los bebés, y así mirarán nuestras manos.

¿Qué canciones escoger?

Te recomendamos que al igual que los libros, no escojas canciones complicadas. «El barquito chiquitito», «Debajo de un botón», «Un elefante se balanceaba»... son algunas de nuestras canciones favoritas.

¿Cómo signo una canción?

Lo primero que deberás hacer es el signo de música o cantar; lo podemos hacer un par de veces mientras decimos «Vamos a cantar, mi amor», y arrancamos con la canción.

Música

No te preocupes por no hacer todos los signos que tiene la letra de la canción. Se trata de que lo hagas de manera alegre y divertida. Si por ejemplo en el caso de «Un elefante se balanceaba» solo te sabes el signo del elefante, le haces ese signo y será suficiente.

A tu peque tus manos le empezarán a llamar la atención y le encantará ver cómo las mueves. Estará empezando a entender que tus manitas pueden contarle muchas cositas divertidas.

¡Verás que a medida que coges soltura podrás ir metiendo animales, frutas, sentimientos y colores a un montón de canciones!

Elefante

Música

Más

Perdón

PREGUNTAS
MÁS FRECUENTES

Bienvenidos al apartado donde no existen las «preguntas absurdas o poco importantes». Todas las preguntas son **maravillosas** y cuestionarse las cosas es bueno, más aún cuando se trata de bebés.

Siempre que os invada una duda, **recurrid a un profesional** que os ayude a resolverlas. Como ya hemos mencionado anteriormente, venimos de una educación muy diferente y es muy normal que nos preguntemos si lo que estamos haciendo lo estamos haciendo bien, o cuál sería la mejor forma de hacer algo.

«Oh no, mi entorno me está metiendo miedos en la cabeza». ¿Qué haremos y qué diremos a esas personas?

Lo primero de todo, daremos las gracias a toda esa gente que de forma desinteresada, y claramente desinformada, nos intenta dar su mejor consejo (léase con tono irónico)... pero como ya sabéis, ¡**esto no es así**! Y ojo, no es algo que digamos nosotros, tal y como hemos visto en el capítulo «Orígenes del Baby Sign», este está basado en investigaciones científicas.

¿El Baby Sign retrasa el habla?

El Baby Sign acelera la adquisición del lenguaje ¡no lo retrasa! El desarrollo del habla no se ve retrasado, y como bien sabes lo que ocurre es todo lo contrario. Se trata de una herramienta con la que **reforzamos mucho más la dicción y la verbalización**. Al tener que repetir siempre la palabra con el signo, los peques se exponen mucho más a la palabra que si no se signara. **Los peques intentarán siempre repetir, imitando a los adultos, las sílabas que componen una palabra**. Al igual que se les enseña a decir «ma-má» o «pa-pá» de forma lenta y constante, con los signos ocurrirá lo mismo. Esto ocurre también con signos como mover la mano para decir adiós, o lanzar besitos con la mano, o mover la cabeza para decir que «no». Todo ello lo **aprenden de forma instintiva a modo de repetición**. Lo que haremos con el Baby Sign es simplemente incrementar ese «diccionario».

Aquí un ejemplo que ayuda mucho

Si nos enviaran a un país en el que no entendiéramos nada, pero nada de nada... y por ejemplo nos entra hambre... ¿Cómo lograríamos comer? ¿Qué harías para comunicarte? ¿Qué haríamos para no terminar frustrados o muertos de hambre? Bien, pues lo primero que haríamos, además de alucinar, sería de forma espontánea intentar comunicarnos a través de **ges-**

tos y signos, y nos pondríamos a señalar objetos (comunicación gestual no verbal). Esto mismo sería algo parecido a lo que les puede pasar a los peques varias veces al día. ¿¡Qué angustia, verdad!? Imagina si encima le metemos el estrés de ruidos que no conoces, caras que no has visto nunca, noches de sueño, hambre, cólicos...

Y aquí otro superejemplo

El Baby Sign nace con el objetivo de ser una etapa más en el desarrollo del habla. Al igual que el gateo es un hito anterior al andar, el Baby Sign es una fase anterior a la aparición consciente del habla. **Un bebé que gatea jamás dejará de andar porque piense «Oh, qué bien estoy así, para qué intentar andar si puedo gatear».**

Eso no pasará jamás. Pensar así es pensar como un adulto, y no debemos «**adultizar**» a los bebés.

LOS PEQUES ALREDEDOR DE LOS 2 AÑOS HABRÁN APRENDIDO MULTITUD DE PALABRAS, Y EMPEZARÁN A EMPLEAR EL BABY SIGN SOLO PARA EXPRESAR AQUELLO QUE NO LOGREN COMUNICAR CON PALABRAS.

De hecho es muy probable que haya peques que aprendan en un momento dado a decir **antes la palabra que hacer el signo**; en estos casos, es posible que no lleguen a hacer el signo. Ocurre frecuentemente con la palabra y el signo del «agua» y el del «pan». Los peques empiezan a balbucear «abua» o «pa», y muchos de ellos se «saltan» el signo ya que son capaces de expresarlo y hacerse entender. Y por último, llegará un momento en que los peques dejen de hacer Baby Sign si no se continúa con ello. Si quieres repasar estos pasos, recuerda que los tienes detallados en la página 67 (escalera de la evolución y el desarrollo del habla de los peques).

Al peque solo le hago signos yo. ¿Aprenderá a hacerlos?

Por supuesto que aprenderá a hacerlos, no te preocupes, porque siempre que no haya nada en su desarrollo que lo impida, **todos los bebés acaban haciendo Baby Sign**. Es cierto que puede que le cueste más, pero no pasa nada si tarda un poco más de lo habitual. No tengas miedo, los hará al 100 % y disfrutaréis muchísimo. El motivo por el que el bebé se **demorará un poco más** de lo normal en aprenderlos es sencillamente porque los verá hacer menos.

LOS PEQUES, CUANTO MÁS EXPUESTOS ESTÉN A LOS SIGNOS, ANTES LOS ENTENDERÁN Y ANTES EMPEZARÁN A HACERLOS DE FORMA AUTÓNOMA. DEBEMOS RECORDAR QUE APRENDEN TODO POR IMITACIÓN Y CUANTO MÁS VEAN HACERNOS ALGO, YA SEA BABY SIGN U OTRA COSA, ANTES LO APRENDERÁN. AUNQUE PAREZCA QUE NO, ESTÁN SIEMPRE OBSERVANDO SU ENTORNO Y APRENDIENDO DE TODO AQUELLO QUE LES RODEA.

Si puedes, intenta **involucrar** a más personas. Algunas veces es complicado convencerles, y solo se animan cuando empiezan a ver el resultado. Si te pasa eso, **cuéntales qué signos hace tu bebé y cuáles está aprendiendo**. Será buenísimo que ellos también se los hagan y fortalecerá mucho el **vínculo** con esas personas.

¿Qué pasa si me desanimo?

Desde aquí te mandamos muchísima **fuerza** para embarcarte en esta preciosa aventura y te pedimos que, por favor, no la abandones. El Baby Sign es algo que tu peque va a aprender a hacer sí o sí, te lo prometemos. Es fácil y es superhabitual que si le signa una sola persona, esta se desanime en un momento dado. Pero por favor, no seas tú. **Los signos llegarán un día y te encantarán** (si te pasa, recuerda volver a leer este párrafo para volver a llenarte de ilusión y alegría). De verdad. Lo que pasa es que ese día nunca sabes cuál es. Puede ser dentro de un mes o puede ser dentro de dos días. ¿Te imaginas que te quedaba poco tiempo y justo lo dejaste? Por favor, piensa siempre en la recompensa que te vas a encontrar, porque es mágica.

¿Busco un momento del día para hacerlos?

La respuesta a esta pregunta es no. **No busques momentos para sentarte con el peque y empezar a hacerle signos como si de una clase se tratara**. Tampoco pienses «Voy a hacerle signos todos los días mínimo durante una hora».

Ese momento puede que sea un buen momento para ti, pero ¿lo es para el bebé? Puede que sí, o puede que no. **Si el peque no está receptivo, por muchos signos que le hagamos nos costará mucho que los aprenda, y es probable que te frustres enseñándoselos**.

La forma correcta de introducir los signos en el **día a día** es de forma **natural**, según se vayan dando las circunstancias y las situaciones. Puedes «preparar» alguna situación, pero que no sea lo habitual o que no sea siempre la misma, ve modificándola.

El bebé debe ir memorizando los signos y las palabras poco a poco. Si nos sentamos delante de él una hora y empezamos a enseñárselos «de golpe», es muy probable que se agobie, y no será un ejercicio ni atractivo ni positivamente estimulante.

DEBES INTENTAR QUE LOS SIGNOS FLUYAN A LO LARGO DEL DÍA
EN LAS RUTINAS. HECHO DE ESTA FORMA, HARÁ QUE EL PEQUE
RELACIONE MUCHO MEJOR EL SIGNO CON LA ACTIVIDAD, ANIMAL,
COLOR U OBJETO QUE ESTÉIS SIGNANDO.

¿El Baby Sign es una lengua?

La técnica se llama en inglés Baby Sign Language, cuya traducción en castellano es «Lenguaje de Signos para Bebés». Se llama así porque, como ya hemos visto, se originó en el continente americano, concretamente en los Estados Unidos en la década de los años 80.

El término «lenguaje» es comúnmente empleado al referirnos a este tipo de comunicación, pero hay que decir que **referirse así al Baby Sign no es correcto**. Se ha empleado mucho el término de «lenguaje» debido a la traducción literal del inglés, pero **no es para nada equiparable a una lengua**. Es una **técnica** por la que, en determinados momentos, introduciremos de forma puntual un signo, y no sería correcto referirnos a ella como la lengua que emplean los sordos.

Una familia con un peque que presente algún tipo de patología auditiva o un gran desafío en la comunicación, deberá valorar dependiendo de su caso, aprender la lengua de signos de su país.

Si a los 6 meses un peque no se voltea o no se sobresalta con sonidos fuertes, te mira solo cuando te ve pero no se gira si le llamas por su nombre o llega al año y no balbucea «mamá» o «papá», deberá ser llevado a un especialista para realizar una prueba de audición y una valoración de su caso de forma particular.

· · · RECUERDA ·

Se trata de una técnica o sistema de «comunicación bimodal» donde signo y palabra forman un «todo». Vamos a emplear la comunicación oral como base, y solo en determinados momentos, y con un objetivo concreto, introduciremos un signo específico.

Y no olvides que nunca debemos dejar de verbalizar la palabra. Por ejemplo, haremos el signo del perro golpeándonos la cadera a la vez que decimos «perro».

Perro

«¡Oh no, mi peque ha dejado de signar!»

De pronto notas que **el bebé ya no hace los signos** para pedirte cosas y ¡todavía no habla! Sientes que le dices que haga un signo y no lo hace y te

agobias. Piensas: «¡Oh, no! ¿Qué le pasa? ¿He hecho algo mal?». Que no cunda el pánico, esto es más habitual de lo que crees, y lo estás haciendo fenomenal. Vamos a explicarte lo que seguramente le está ocurriendo.

Muchos peques «dejan de lado» los signos cuando empiezan a **mantenerse de pie y comienzan a andar.** Este hito en su desarrollo les requiere muchísima concentración y centran ahí toda su atención. Se llama **bipedestación**, y es su capacidad para mantenerse erguidos. Si esto te ocurre, **nunca dejes de hacer los signos, porque en cuanto se sientan motivados y seguros, retomarán los signos y empezarán a hacerlos todos de golpe**.

Es probable que también te pase que signos que le habías estado enseñando en ese periodo en el que el bebé no hacía signos, de pronto te los haga. **Retoman el Baby Sign con muchísimas ganas, e incluso incorporan signos nuevos**.

> GRANDES CAMBIOS EN SUS RUTINAS, NUEVOS HITOS, LOS PRIMEROS DÍAS DE LA ESCUELA INFANTIL O POR EJEMPLO UNA MUDANZA TAMBIÉN PUEDEN HACER QUE SE SIENTAN ALGO MÁS PERDIDOS, PERO DEBERÁS SEGUIR HACIÉNDOLOS. QUE NUNCA NOTEN QUE ALGO HA CAMBIADO ENTRE VOSOTROS. SI LOS MANTIENES, ESTARÁS TRANSMITIENDO PSICOLÓGICAMENTE LA IDEA Y LA CALMA DE QUE TODO SIGUE EN ORDEN. TEN PACIENCIA Y LOS VERÁS VOLVER.

¿Eso que está haciendo son signos?

Esta duda te surgirá casi al 100 por cien. La situación será más o menos así: le ves mover las manitas, y después te mirará y volverá a hacerlo, y de pronto se reirá al mirar su manita, y tú pensarás: «¿Eso que está haciendo son signos?». **La respuesta es sí, son signos**. Quizás no son los signos más claros que puedas ver, ya que serán los primeros signos que tu peque será capaz de hacer, pero son señales de que estás yendo por muy buen camino y tu bebé lo está disfrutando.

EL PEQUE SE HABRÁ DADO CUENTA DE QUE PUEDE EMPEZAR A IMITAR LOS GESTOS Y ESTARÁ INTENTANDO PRIMERO HACERLOS Y LUEGO MÁS ADELANTE LOS IRÁ RELACIONANDO CON LO QUE CADA UNO DE ELLOS SIGNIFICA. ES DECIR, QUÉ OCURRE SI HAGO ESTE SIGNO Y QUÉ OCURRE SI HAGO ESTE OTRO.

Los peques empiezan a entender que si colocan la palma de la mano en un sentido, si cierran sus deditos, o si flexionan y estira el codo logran un movimiento distinto que significa una cosa u otra. Descubren **el poder de sus deditos, el giro de sus muñecas, y comienzan a experimentar, a** entender, y a memorizar un montón de sensaciones propioceptivas[8]. Dichas sensaciones le prepararán para utilizar sus manitas y contarnos con ellas un montón de cosas interesantes.

Dos casos prácticos

Situación 1

Esta situación te ayudará a entender este momento.

- Pregunta: ¿Eso que hace es **«leche»**, **es «luz»? ¿Ha hecho el signo de «más»?**
  Le observas y piensas que el peque está haciendo los signos «sin sentido», en un contexto que no tiene nada que ver, como por ejemplo mientras juega con sus cosas, o si estás de paseo y de pronto se mira las manos y empieza a hacer el signo, o en el coche... pero a su aire.
- Respuesta: **el peque está entrenando/ensayando los signos.**
  Sí, sí, tal y como lo oyes. **Los peques necesitan sus ratitos para entrenar los signos y observar los movimientos de sus manos.** Buscan sus momentos para ensayarlos y descubrirlos.
- Pregunta: ¿Pero entonces qué hago?
  Aquí se te pueden presentar dos situaciones:
  - Si está haciéndolos a su aire, lo mejor que puedes hacer es **dejarle hacerlos libremente sin interrumpirle**.
  - Si ves que te mira, que te reclama y te busca con la mirada, **respóndele con el signo y su palabra**. Además, repíteselo de manera muy alegre para que sienta tu felicidad y así motivarle a que siga haciéndolo. No pasa nada porque justo en ese momento no haya un perro (en el caso de que esté haciendo ese signo), o no haya un árbol si es ese el signo que está intentando hacer, tú simplemente se lo repites, lo verbalizas y le demuestras tu alegría. Si quisieras y tuvieras a mano un cuento o un libro donde se pueda ver eso que está haciendo con sus manitas, por ejemplo ese perro o ese árbol, podrías señalárselo para relacionarlo juntos y disfrutar aún más del momento.

---

[8]   Capacidad del cerebro de saber la posición exacta de todas las partes de nuestro cuerpo en cada momento.

Sea la situación que sea, refuerza siempre todo de forma muy positiva. Piensa que tu alegría es su alegría, y el esfuerzo que hacen es inmenso.

Situación 2

Te proponemos otra forma muy buena para lograr saber qué puede estar contándote el peque.

1. En el caso de que le hayas estado signando solo unas poquitas cosas, anota esos signos en una **libreta** y empieza a tachar aquellos que creas que no están relacionados con lo que el bebé está haciendo.
2. De los que te han quedado, **compara cómo lo está haciendo el peque y cómo lo estás haciendo tú.** ¿Se parece a alguno de ellos?
3. Mientras logras esclarecerlo, **sigue haciéndolo de forma correcta** cuando se presente la situación.
4. **Ten paciencia.** Verás que das con él dentro de poco, y en más de una ocasión, cuando ya lo hayas identificado, pensarás «¡Bufff, cómo iba a darme cuenta de ese signo!».

CUANDO MIRAS A UN PEQUE Y LE SONRÍES, AUTOMÁTICAMENTE TE SONRÍE. DEMUÉSTRALE CON TU SONRISA Y CON EL TONO DE TU VOZ LO FELIZ QUE TE HAS PUESTO DE VER CÓMO SE ESTÁ ESFORZANDO POR HACER EL SIGNO.

Verás que llega el momento en el que ese movimiento del que decías «pero si lo hace sin sentido» **cobra todo el sentido del mundo, y te vas a derretir de amor**.

¿Está haciendo «más» o está aplaudiendo?

Al hilo de la pregunta anterior, respondemos a esta otra pregunta, que es muy frecuente. La mayoría de los peques empiezan a hacer el signo de «más» **aplaudiendo**. Es un movimiento muy sencillo de hacer para ellos y es **superhabitual** que lo empiecen a hacer así.

> LOS BEBÉS INTENTAN HACER LOS SIGNOS COMO PUEDEN, Y MUCHAS VECES LOS VERÁS HACERLOS DE LAS FORMAS MÁS GRACIOSAS QUE TE PUEDAS IMAGINAR.

Este signo también puede presentarlo colocando su dedo índice en la palma de la mano contraria, golpeando un puñito contra la palma de la mano contraria o golpeando ambos puños.

Los aplausos me lían

Pero cuando lo hacen aplaudiendo puede surgir la duda, porque claro, el bebé os ha visto aplaudir muchas veces, y entonces dudas mucho si está haciendo una cosa o la otra.

Vamos a darte una serie de **consejos** para que sepas identificar super-bien si se trata de un signo u otro, pero no olvides que, como su familia y las personas que más tiempo pasan con el peque, **deberás observar e identificar los momentos en los que lo hace para estar seguro al cien por cien.** Mientras, debes seguir haciéndolo cuando corresponda y así el peque seguirá viéndolo y aprendiendo. Poco a poco lo irá haciendo de una forma más clara y ya no habrá lugar a dudas.

1. El contexto es fundamental: **observa cuándo lo hace.** ¿Acabas de sacar la comida y lo ha empezado a hacer? ¿Le has deslizado por un tobogán que le ha encantado y justo lo ha hecho? ¿Acabáis de terminar de comer y lo ha hecho? ¿Le has contado su cuento favorito y lo ha hecho al terminar? Le diremos «¿Oh, mi amor, quieres *más*?», y haremos el signo correctamente.

2. **Responde al signo**: le has hecho el signo como hemos dicho en el paso anterior y el peque **reacciona** frente a tu acción. Se pone muy contento, levanta sus bracitos, sonríe. El bebé sabe que le hemos entendido y está feliz de lograr lo que pretendía pedirnos con sus manitas.

3. **Le ofrecemos más**: tal y como nos lo ha pedido y como nosotros le hemos transmitido que le hemos entendido, le damos «más» y observamos su reacción. **Por su carita y su expresión sabremos si realmente quería más o no.**

... MINICONSEJO ....

Este signo es sencillo introducirlo y trabajarlo mucho en la **rutina de la comida.** Algo que puedes hacer es lo siguiente: le ofreces un poco de esa comida que tanto le gusta y cuando lo ha terminado le dices «¿Quieres *más*, mi amor?», le haces el signo y podrás ver que el peque te mira mucho. Acto seguido, le das más. Es un ejercicio de relación muy sencillo para empezar con los bebés.

No olvides que el signo de «más» no solo es útil para el momento de la comida. Debemos trabajarlo en otros muchos momentos También es «más» besos, «más» cosquillas, «más» tiempo dentro de la bañera, «más» veces bajando por el tobogán, etc.

Más

No olvides que el signo de «más» no solo es útil para el momento de la comida. Debemos trabajarlo en otros muchos momentos También es «más» besos, «más» cosquillas, «más» tiempo dentro de la bañera, «más» veces bajando por el tobogán, etc.

Inventar signos

Verás que muchas veces los peques se inventan sus propios signos. ¿Esto es correcto? ¿Le dejo hacerlo? **Si, déjale hacerlos sin problema**. Tienes ante ti a un artista que no solo entiende la importancia de la comunicación, sino que la está enriqueciendo. No interfieras, y felicítalo por ello. **Recuerda alegrarte y demostrarle tu amor**.

TAN SOLO UNA SONRISA HACIA ÉL SERÁ MÁS QUE SUFICIENTE PARA RECONOCERLE ESE ESFUERZO. NO OLVIDES TRANSMITIRLAS, SIEMPRE HAY TIEMPO PARA UNA MIRADA TIERNA.

¿Entonces puedo inventarme signos?

Claro que sí, sin ningún miedo, sin ningún pudor. Es más, la respuesta es: debes inventarte signos. ¿Y por qué decimos esto? Lo decimos porque **en Baby Sign no todo tiene signos**. Por ejemplo, el «kiwi», o el «loro», o el «mango» no tienen signos, y a tus peques les pueden encantar. En estos casos deberás buscar un signo que te guste y que creas que es **sencillo**.

El Baby Sign está creado y pensado para hacer los animales, los colores, los juguetes, las prendas, las canciones... es decir los signos más básicos y sencillos. Es por eso que, por ejemplo, frutas que no sean comunes, o animales que no sean frecuentes, no tengan signos. **Deberás dejar volar tu imaginación y buscar un gesto sencillo e intuitivo**.

En la escuela infantil no hacen Baby Sign. ¿Se frustrará mi bebé?

Esta pregunta es muy frecuente, y entendemos perfectamente que os la hagáis, porque muchas veces cuando les dejamos allí nos cuesta separarnos de ellos y tenemos miedo de que necesiten algo y no les entiendan. Que no cunda el pánico. Vamos a contarte cómo el Baby Sign os va a ayudar.

La respuesta a saber si se frustrará es no, **no se agobiará y no lo pasará mal**. Los peques **saben muy bien quién les entiende y quién no**. Si tu bebé ya hace los signos de forma autónoma, lo que ocurrirá es que se los hará a las personas que están con él, pero si siente que no hay una respuesta por parte del adulto, a la larga los dejará de hacer. No se agobian ni se ponen tristes.

Lo que sí es cierto es que si ese responsable se supiera los signos y le entendiera, tu peque estaría mucho más feliz.

Si tu bebé ya hace signos, lo mejor que puedes hacer es contarlo en la escuela infantil. Las personas que estén a su cargo **agradecerán mucho entenderle**. Piensa en todos los peques que tienen a su cargo... ojalá todos supieran transmitirles lo que quieren (se ahorrarían muchos llantos). Además así también se animarán a hacer signos a tu peque.

Y por último, piensa en la **seguridad que te aportará dejar a tu bebé** en la escuela sabiendo que si tiene hambre, sueño, sed... o pupa... ¡le entenderán! Es una tranquilidad para ambos. El peque se siente confiado y su mamá o su papá se marcharán más felices.

¿Hasta qué edad puedo hacer Baby Sign?

No hay una «edad límite». Los bebés lo dejan de hacer de forma instintiva cuando empiezan a hablar. En este momento sienten que ya no los necesitan, y los van abandonando poco a poco. Son muy listos, y cuando se dan cuenta de que sin signos les entiende todo el mundo, los dejan de hacer. Suele ocurrir alrededor de los dos años[9].

---

[9] Aprovechamos para recordar que cada bebé lleva sus ritmos, y hay que respetar los tiempos de cada uno de ellos. Algunos lo harán antes, otros después, y todos serán maravillosos.

Entonces estarás pensando que si tu bebé ya habla, no será necesario, ¿no? Pero esto tampoco es así al 100 %.

HAY FAMILIAS QUE LO APRENDEN Y LO EMPLEAN MÁS TARDE PARA QUE EL PEQUE APRENDA MÁS VOCABULARIO, PARA QUE APRENDA MÁS IDIOMAS, PARA CANTAR Y CONTAR CUENTOS, O POR EJEMPLO PARA JUGAR DE UNA FORMA MÁS DIVERTIDA.

Como dice el refrán, «nunca es tarde si la dicha es buena».

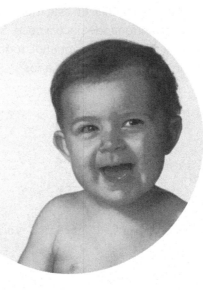

En casa somos bilingües. ¿Es bueno hacer Baby Sign?

¡Es buenísimo hacer Baby Sign! Tanto si habláis dos idiomas o más, es una técnica que **ayudará mucho a tu peque a entender que «*apple*» y «manzana» son sinónimos, ya que comparten el mismo signo**.

El Baby Sign actúa como un **traductor simultáneo**, y lo entienden todo perfectamente.

LOS BEBÉS QUE NACEN EN HOGARES BILINGÜES, AUNQUE TODAVÍA
NO HABLEN, DIFERENCIAN PERFECTAMENTE AMBOS IDIOMAS. LOS
TONOS DE LAS PALABRAS, EL TIMBRE DE LA VOZ, LOS SONIDOS Y
LAS EXPRESIONES LES AYUDAN A DIFERENCIARLOS. ESTO QUIERE
DECIR QUE UN PEQUE NO TIENE POR QUÉ PODER HABLAR PARA
EMPEZAR A APRENDER IDIOMAS, TAN SOLO NECESITA ESCUCHAR
ESE IDIOMA DE FORMA COTIDIANA.

¿Sabías que si viajáis al extranjero y os encontráis
a una familia que también hace Baby Sign podríais
comunicaros con ellos? ¡Es una pasada!

**Entonces, ¿puedo enseñar más idiomas a mi bebé
con Baby Sign?**

**Puedes enseñarle tantos idiomas como desees aunque tu bebé ya
hable.** Lo importante es hacerle siempre el mismo signo, sea el idioma que
sea. Los signos de Baby Sign actúan como puente hacia el otro idioma y el
bebé comprende rápidamente que se trata de un sinónimo.

LOS PEQUES, CUANTO MÁS CHIQUITINES SON, MÁS FACILIDAD
TIENEN PARA APRENDER OTROS IDIOMAS Y CONVERTIRSE EN
BILINGÜES. RECUERDA ADEMÁS QUE LOS BEBÉS APRENDEN
MEJOR SI EL APRENDIZAJE LLEVA IMPLÍCITO MOVIMIENTO Y
GESTOS. APROVECHA EL MOMENTO.

Me está dando pena que mi peque esté dejando de hacer signos. ¿Puedo alargarlo?

Recordemos que el objetivo principal y fundamental del Baby Sign es
dotar a los bebés de una herramienta de comunicación antes de que puedan hablar. Luego ellos, de forma natural, irán abandonando los signos a
medida que aprendan a decir las palabras. Pero la respuesta es sí, **puedes
seguir disfrutando muchísimo del Baby Sign**.

HAY MUCHAS FAMILIAS A LAS QUE LES GUSTA
«MANTENERLO» PORQUE A ESE HOGAR VA A LLEGAR UN
HERMANITO O HERMANITA, Y OTRAS MUCHAS LO MANTIENEN,
POR EJEMPLO, PARA EL JUEGO O EL APRENDIZAJE DE OTRA
LENGUA.

Si quieres seguir empleándolo aunque tu bebé ya sepa decir la palabra, te recomendamos que lo utilices para cantar, contar cuentos, hacer teatrillos y jugar, por ejemplo, al veo veo.

Mi pareja es diestra y yo soy zurda, ¿cómo lo hacemos?

No pasa absolutamente nada, lo importante es hacer el signo de forma constante. Si en el entorno del peque hay una persona zurda y otra diestra, esto no interferirá en el aprendizaje del peque. **Ellos no disciernen de una forma tan aguda el que una y otra persona empleen diferente extremidad**. Los bebés lo que ven es el signo, y lo que escuchan es la palabra que acompaña dicho gesto, la cual es común se haga el signo como se haga.

Entonces, ¿no le haré zurdo, verdad?

Para nada, pero eso tampoco tendría absolutamente nada malo. Hace años se presionaba a los niños a ser diestros, y esto es algo muy negativo para su desarrollo. No lo hagáis.

Los peques no es **hasta los 4 o 5 años cuando definen su lateralidad**, es decir, si emplean más una parte u otra del cuerpo. Hasta entonces, ellos juegan, pintan, saltan, etc., empleando de forma alterna ambas partes de su cuerpo. El ejemplo más cotidiano sobre la lateralidad es la escritura, es decir, si somos diestros o zurdos[10] para escribir.

¿Cómo hago los signos si tengo las manos ocupadas?

Habrás visto que hay signos que requieren de ambas manos para hacerlos, y habrás pensado: «¿Y si una de ellas está ocupada? ¿O las dos?». No pasa nada. Vamos a contarte la mejor forma de hacer los signos para que esta situación no sea un problema.

---

[10] Uno de cada diez niños y niñas es zurdo. Intentar modificar la lateralidad de un peque, por ejemplo, a la hora de escribir es algo que está totalmente contraindicado. La lateralidad está relacionada con la distribución de tareas de su cerebro. No supone un defecto, y por lo tanto es algo que no debe ser corregido.

Lo primero de todo es decirte que aunque este momento pueda agobiarte, **van a ser muy pocas las ocasiones en las que tengas ambas manos ocupadas**. Verás que tu propio instinto hará que dejes o que apoyes eso que llevabas en brazos para poder hacer el signo de forma correcta. Si aun así no puedes, **no pasa nada**. Vamos a contarte las dos situaciones que se te pueden presentar:

Situación 1

Tienes una mano ocupada y el signo se hace con las dos. Intenta en la medida de lo posible hacer el signo **con la mano que te queda libre**.

Situación 2

Tienes ambas manos ocupadas. Debes **verbalizar la palabra como si estuvieras haciendo Baby Sign, aunque no puedas hacer nada con las manos**. Recuerda que cuando hacemos Baby Sign, sin querer, hablamos de una forma más clara y pausada. Esa forma de hablar, ese «estilo», hará saber a tu peque que aunque no estés moviendo las manos, te estás dirigiendo a él.

Pongamos un ejemplo muy común con el signo del «árbol». Este signo requiere que empleemos las dos manos, pero la gran mayoría de las veces que se lo enseñemos estaremos de paseo y se los iremos señalando. ¿Cómo lo hacemos?

Árbol

- **Opción 1:** puedes poner el freno de la silla de paseo y hacer el signo con ambas manos, o si no, puedes perfectamente hacer el signo únicamente con una mano mientras con la otra sujetas la silla. No pasará nada, lo estarás haciendo genial.
- **Opción 2:** también puede ocurrir que tengas las dos manos ocupadas; en este caso, solo diremos: «Oh, mi amor, es un árbol», y simplemente con la forma de expresar la palabra el peque ya sabrá que estás refiriéndote a él o ella.

¿Cómo llamo a mi mascota? ¿Digo «perro» cuando haga el signo o digo su nombre?

Por favor, no enfademos a nuestras mascotas y peludos. **No les cambies el nombre, bastante tienen los pobres con la llegada de los peques y el cambio de las rutinas**.

Esta pregunta es muy frecuente, y es por ello que os vamos a dar el mejor consejo para todos aquellos que tenéis mascotas en casa, o en el ámbito familiar o cercano de vuestros peques.

No hay que cambiar el nombre al perro y empezar a decir «perro», o al gato y empezar a llamarle «gato». Nuestra mascota puede pensar que nos hemos vuelto locos, y vosotros en el fondo os seguiréis refiriendo a él con su nombre propio.

Gato

Pensad en lo raro y confuso que sería para el peque que le dije-rais «perro», pero luego os escuchara decir: «Ey, Manchitas, vamos a comer». Sería bastante extraño, y estaríais quitando la identidad a vuestra mascota.

> LO SUYO ES QUE AL IGUAL QUE LES ENSEÑAMOS QUE SUS AMIGOS, SUS PRIMOS O LOS COMPAÑEROS DE LA ESCUELA INFANTIL TIENEN NOMBRES PROPIOS, LOS ANIMALES TAMBIÉN LOS TIENEN.

Luego, cuando salgáis a pasear será otra cosa. Ahí sí que podremos decirle «Mira, mi amor, un *perro*», y le haremos el signo de «perro».

Y más adelante, si sabemos el nombre de ese perrito o mascota, se lo podremos decir, al igual que le diríamos el de cualquier otro peque. «Ese perro se llama Toby». De esta manera estaremos enseñando a los peques algo muy importante: el sentido de la identidad.

LOS NOMBRES PROPIOS FORMAN PARTE DEL SENTIDO DE LA IDENTIDAD DE LOS PEQUES, TANTO EL SUYO COMO EL DE AQUELLO QUE LOS RODEA. ESTO LES PERMITE ENTENDER QUE, POR EJEMPLO, «SU NOMBRE» ES SOLO ESE Y ES SUYO, Y TIENE UN GRAN SENTIDO EMOCIONAL PARA ELLOS. QUE SE DEN CUENTA DE QUE NO SOLO ELLOS TIENEN UN NOMBRE PROPIO, SINO QUE LAS MASCOTAS Y DEMÁS TAMBIÉN LO TIENEN, ES MUY IMPORTANTE.

El nombre propio les diferencia, les orienta, y es una de las primeras palabras a las que responden y terminan diciendo cuando alguien les pregunta «¿Cómo te llamas?» o «¿Quién eres?».

El nombre te hace pertenecer a una sociedad. Te hace tener un «**espacio social**» que no es indiferente. Es tu singularidad, tu hueco y tu momento cuando te llaman. Que tu mascota lo tenga es un ejemplo importante para ellos. El signo y escucharos a vosotros repetir su nombre ayudarán al peque a establecer su sentido de la identidad.

Hermanito a la vista. ¿Puede ayudarnos?

¡Lo primero de todo, **enhorabuena!** La llegada de un nuevo miembro es siempre una alegría, y tu peque mayor puede ayudarte mucho. Como sabes, el aprendizaje por imitación entre iguales ¡es increíble!

Antes de empezar, lo primero con lo que tenemos que tener **cuidado es con frases como «Tienes que enseñar esto a tu hermanito/a»**.

Mucha atención y cuidado con darle «responsabilidades» de la noche a la mañana. Ahora es un hermano mayor, pero sigue siendo un peque.

. . . **RECUERDA** . . . .

Se ha convertido en «mayor» por decisión de los adultos de darle un hermanito o una hermanita. Si no, seguiría siendo un bebé.

Nuestro chiquitín interactuará muchísimo más y sentirá menores celos si seguimos respetando su edad y si le involucramos en el Baby Sign con el bebé. Todo lo que haremos será tal cual lo hemos estado haciendo hasta ahora, desde el amor, el juego y la diversión.

Lo mejor que podemos hacer en este caso es dejar que sea él mismo quien se dé cuenta de **la importancia de su papel**. Para ello, aquí van tres consejos geniales que os encantarán:

1. **Canta**: como bien sabes, las canciones son nuestro aliado para arrancar a signar y calmarles en momentos de máximo estrés. Es muy probable que tu peque mayor ya sepa muchas canciones. Cantadlas **juntos**, reíos y disfrutad con el bebé. El mayor se lo pasará en grande.
2. **Juega**: jugar en familia y por ejemplo, cada vez que el peque haga algo de forma repetida, haced juntos el signo de «más» y alegraos un montón. Otro ejemplo muy sencillo sería hacerle tocar algo de su gimnasio o hacerle rodar una pelota en su mantita de gateo y pedirle que lo haga «más». Cuando lo haga, deberemos felicitar al hermano mayor por haberle enseñado a hacerlo tan bien.
3. **La comida**: cuando veáis que por ejemplo el peque quiere leche, preguntad al mayor «¿Qué quiere? ¿Quiere leche?». De esta forma, él te sabrá decir la respuesta y se sentirá superbien. Aquí aprovecharemos y haremos el signo de la «leche». Más adelante, a medida que vaya creciendo, podréis hacer lo mismo con otros alimentos.

Leche

4. **Reíos muchísimo**: disfrutad del momento y reíd mucho. **Haced equipo, y se sentirá muy importante**. Entenderá el valor de sus acciones y **querrá ser el ejemplo de «su» bebé**.

SENTIRÁ LO QUE ES SER UN VERDADERO HERMANO O HERMANA MAYOR SIN LA PRESIÓN DE ESTAR ENCIMA DE ÉL DICIÉNDOLE «HAZLE ESTE SIGNO» O «ENSÉÑALE ESTE OTRO», Y POR SUPUESTO SIN LA PRESIÓN DE «TIENES QUE HACER ESTO AHORA QUE ERES MAYOR». NO HAY NADA MÁS BONITO QUE EL APRENDIZAJE ORGÁNICO.

Nunca olvidéis que él también está aprendiendo a ser hermano mayor y necesitará sus momentos de adaptación y atención. Si un día no quiere hacerle signos, debemos respetarlo y decirle que no pasa absolutamente nada.

Sombrero

Perro

Rojo

14

TRUCO PARA QUE
NO SE TE OLVIDE
HACER SIGNOS

Es muchísimo más habitual de lo que te piensas que lleguen las ocho de la tarde, que hayas bañado a tu peque, que estés a punto de meterle en la cama y te des cuenta de que no has hecho ni un signo. ¡Oh no, qué desastre! ¿Drama? No. Drama no, es normal. Es un nuevo hábito que vas a introducir en tu día a día y es superhabitual que esto os ocurra.

Vamos a contarte un truco que funciona de maravilla

Se trata de las **notas adhesivas**, o esos maravillosos papelitos de colores que se pegan por todas partes para que no se nos olvide la cabeza en ningún sitio. Pues bien, la idea consiste en que **los sitúes allí donde quieres recordar el signo**. Pegas uno en el cambiador y pones «pañal», otro en sus cuentos y pones «cuento», otro en el cepillo de dientes, y así sucesivamente.

VER LAS NOTAS POR LAS DIFERENTES ESTANCIAS TE AYUDARÁ A RECORDAR EL SIGNO. LA IDEA ES QUE POCO A POCO NO VAYAS NECESITÁNDOLAS, PERO CUIDADO, ¡NO EMPAPELES LA CASA O NO ENCONTRARÁS AL BEBÉ!

¡EL FAMILIAR
MÁS CERCANO!

Este pequeño juego, o «relación», **te ayudará muchas veces a localizar un signo** para esa flor, esa cigüeña o ese color tan extraño que no sabías cómo signar.

Coges un libro con todas las ganas del mundo para signárselo a tu bebé y... ¡oh, no!, la protagonista es una cigüeña. ¿Qué hacemos en este caso? Respirad tranquilos, porque con el truco que vamos a contarte vas a poder salvar muchísimas situaciones.

> DIREMOS A NUESTRO PEQUE «OH, MIRA, MI AMOR, UNA CIGÜEÑA, ES UN PÁJARO, ¿VERDAD?», Y HAREMOS EL SIGNO DEL PÁJARO SIN DEJAR DE DECIR Y VOCALIZAR DE UNA FORMA MUY CLARA AMBAS PALABRAS, PRIMERO «CIGÜEÑA» Y LUEGO «PÁJARO», PERO SOLO HAREMOS EL SIGNO CUANDO DIGAMOS «PÁJARO». ES DECIR, ESTAREMOS BUSCANDO AL «FAMILIAR MÁS CERCANO».

Pájaro

Nos ocurrirá lo mismo si, por ejemplo, vemos un girasol, una pantera... en estos casos serán una «flor» y, para el caso de la pantera, podremos decir, por ejemplo: «Parece un *gato*, ¿verdad?», habiendo dicho antes por supuesto «pantera».

Gato

¿Podríamos no decir «pantera» y decir directamente «gato», aunque ponga otra palabra? Es decir, ¿adelantarnos con la lectura y cambiar la palabra del texto o de lo que le estemos señalando o enseñando? Sí, podríamos hacerlo sin ningún problema, pero piensa que en este caso, sin quererlo, estaremos condicionando el vocabulario del peque. Estaremos reduciendo las posibilidades de aprender nuevas palabras y ampliar su vocabulario, por lo que te recomendamos que no lo modifiques.

TE RECOMENDAMOS QUE HAGAS LO SIGUIENTE:
«MIRA, MI AMOR, ES UNA PANTERA. PARECE UN GATO, ¿VERDAD?», Y HAREMOS EL SIGNO DE GATO.

Zapatos

Terminado

Leche

16

BABY SIGN
Y BABY-LED WEANING

¿**H**abías oído hablar de esta técnica? Quizás te suene, o quizás no. Es posible que te parezca algo raro, muy novedoso o extranjero, pero no pasa nada. **Seguro que el Baby Sign también te sonó raro la primera vez que lo escuchaste y ahora te estás convirtiendo en un auténtico experto en la materia.** No te preocupes, que te hacemos un breve resumen para que te hagas una idea.

El Baby-led Weaning consiste en ofrecer a los peques a partir de los seis meses, o cuando logran sentarse solos, los **alimentos tal y como son sin pasar por la fase de las papillas o de la comida triturada**. Esta técnica tiene múltiples beneficios para los peques, te animamos a que leas y te informes más sobre ella porque ¡es fascinante!

La combinación perfecta

Como ya bien sabes, es recomendable empezar el Baby Sign a partir de los seis meses y el Baby-led Weaning también. ¿Sabías que juntos forman una combinación perfecta?

IMAGINA NO SOLO ENSEÑAR AL PEQUE LOS ALIMENTOS Y SUS TEXTURAS CON EL BABY-LED WEANING, SINO ADEMÁS, CONTARLE CÓMO SE LLAMA CADA UNO DE ELLOS Y HACERLE EL SIGNO DE FORMA DIVERTIDA E INTERESANTE. SUENA GENIAL, ¿VERDAD?

Con esta maravillosa combinación lograrás:

- Atraer la atención de tu peque hacia los alimentos.
- Saber cuáles le gustan más.
- Darle libertad para pedirte uno u otro a través de los signos.
- Estimular su desarrollo psicomotriz y la coordinación mano-boca al mismo tiempo.
- Fomentar su memoria y curiosidad hacia el mundo que le rodea.

Prefiero los triturados

Si prefieres que el peque tome la comida triturada, o quieres alternar ambas técnicas, lo que haremos será **presentar antes las comidas y luego ya prepararlas**. Cuando hablamos de presentarle las comidas, nos referimos a ir mostrándole cada uno de los ingredientes para que así los conozca y los vaya reconociendo.

Le diremos y le haremos nombre y signo al mismo tiempo. Y cuando sea un poquito más mayor podréis cocinar juntos y le podrás pedir que te acerque los alimentos: «¿Me pasas el *plátano*, por favor?», y le haces el signo. Como ya lo ha estado escuchando, sabrá qué fruta de las que hay en el frutero necesitas. Así se sentirá involucrado y muy feliz de poder ayudarte.

Plátano

... MINICONSEJO ....

Hagas Baby-led Weaning o no lo hagas, **te recomendamos que siempre hagas un curso de primeros auxilios.** Nuestros pequeños exploradores están descubriendo el mundo, y tener unas nociones básicas sobre cómo reaccionar frente a una situación peligrosa puede salvarnos de un buen susto.

¡Que aproveche!

17

TODOS
A JUGAR

Juego de los trasvases

Este tipo de juego vamos a poder adaptarlo a **todo aquello que queramos** del Baby Sign (alimentos, colores, animales...). Podemos jugar tantas veces como queramos, y es una actividad muy estimulante. Ayuda mucho a desarrollar en los peques la importancia del **orden**, la **coordinación**, las **habilidades motoras** y la **concentración** para alcanzar una meta u objetivo.

Material necesario

- Dos recipientes lo más parecidos posibles, adaptados al tamaño de lo que vamos a introducir en su interior.
- Los objetos o alimentos con los que queremos interactuar con los peques.

Actividad

Vamos a realizar esta actividad con animales[11], ya que sentimos que a nuestro bebé le gustan mucho y muestra interés por ellos.

Al inicio de este juego, y en función de la edad del bebé, presentaremos al peque solo uno o dos animales de juguete. Le haremos los signos de ambos animales para que los recuerde, y los introduciremos los dos[12] en el mismo recipiente. Dejaremos al peque cogerlos, tocarlos, disfrutar del momento, y le invitaremos a meterlos en el otro recipiente. Le diremos «Mi amor, ¿metemos al gato aquí?, ¿quieres que metamos aquí al gato?». Recordaremos siempre que cada vez que hacemos el signo diremos la palabra, y en este caso, al tratarse de animales, es superestimulante realizar el maullido del gato, «miau». Quedaría así:

> — «Mi amor, ¿metemos al gato aquí?, ¿quieres que metamos aquí al gato (miauuu)?».

También podríamos, por ejemplo, ordenar piezas de colores, aros, pelotas, etc.

---

[11] Recuerda siempre que es muy importante respetar los intereses de los peques. Si le gustan mucho los animales, será mucho más divertido realizar esta actividad con animales. Si por el contrario, le gusta mucho comer, podemos realizar este ejercicio con alimentos. Será más adelante cuando podamos ir introduciendo diferentes temáticas o elementos.

[12] Deberás identificar el número máximo de elementos a introducir. Recomendamos empezar con uno o dos objetos para no desviar demasiado la atención.

Jugar con los colores

Los colores componen nuestra vida. La miremos como la miremos, si hay luz, hay color. Componen lo que vemos, componen lo que vivimos e incluso componen y conforman nuestra manera de vestir, de pensar y de sentir.

Los colores juegan un papel muy importante en el desarrollo de los bebés. **Cada uno de ellos nos transmite unas emociones y unas sensaciones**.

Los bebés empiezan viendo el color rojo, luego el verde, el azul, el amarillo... y nosotros podemos ir enseñándoselos con el Baby Sign y jugar mucho con ellos.

Los colores que más les llaman la atención son los **colores vivos y alegres**, y desde bien pequeños podemos saber qué colores les gustan más que otros y podemos ir conociendo sus gustos.

Una propuesta llena de color

EL SIGUIENTE JUEGO SE PUEDE LLEVAR A CABO TANTO SI SE HACE BABY SIGN COMO SI NO, PERO DEBEMOS RECORDAR QUE, SI QUEREMOS POTENCIAR LA COMUNICACIÓN Y EL DESARROLLO DE NUESTROS PEQUES, SERÁ MUCHO MÁS INTERESANTE JUGAR CON LOS SIGNOS.

Material necesario

De las siguientes opciones, **deberás escoger solo una de ellas**. Lo único importante aquí es que los objetos que escojas tengan **todos la misma forma y sean lo más parecidos posibles**.

- Pelotas de colores.
- Aros de colores.
- Bloques o cubos de colores.
- Cartulinas o fieltros de colores.
- Maderitas de colores.
- Arcoíris Montessori.
- Alfombra de espuma y juego de colores (secciones de diferentes colores).

Estamos convencidos de que al menos tienes uno de los objetos anteriores. Y si no, siempre será sencillo hacer unas tarjetas de colores en casa. **Puedes empezar por los colores primarios, que son el rojo, el amarillo y el azul**, y además vamos a sumar el color verde.

Actividad

Es muy habitual ver a familias y profesionales enseñar los colores a los peques señalándoles por ejemplo un coche rojo, otro día un tomate rojo y otro día un jersey rojo.

En un principio, un bebé no entenderá que nos estamos refiriendo a que esos objetos comparten el mismo color. Con el paso del tiempo lo entenderá, y si se los mostráramos juntos se le haría más sencilla la relación entre ellos, pero de primeras es complicado, porque un día le dirás «es un camión», y otro día le dirás «es rojo». Entre una cosa y otra, el peque deberá discernir que aunque los estás llamando de diferente manera, son lo mismo. Pongamos otro ejemplo más para entenderlo mejor.

SI UN DÍA LE HACEMOS EL SIGNO DE «CAMIÓN» Y OTRO DÍA LE HACEMOS EL SIGNO DE «ROJO», EL PEQUE SE PODRÍA CONFUNDIR. PENSARÍA: «¿PERO POR QUÉ ME HAS CAMBIADO EL SIGNO?».

Por eso tenemos una forma más sencilla para aprender y jugar con los colores con el Baby Sign. Los peques los aprenderán antes y encima se divertirán más.

Para trabajar los colores pondremos un ejemplo con las **pelotas de colores**. Supongamos que tenemos pelotas de los cuatro colores que hemos dicho antes: rojo, amarillo, azul y verde. Lo que haremos será coger la pelota que queramos y hacerle el signo correspondiente.

Al tratarse de tres objetos idénticos en los que lo único que cambia es el color, el peque estará muy centrado en el color y no tanto en la forma.

El bebé relaciona rápidamente el hecho de que te estás refiriendo al color y no tanto al objeto en sí.

Esto mismo lo podríamos trabajar con el resto de materiales que hemos propuesto antes.

- **En una segunda fase,** cuando notemos que el peque ya entiende los colores, podremos tener todas las pelotas juntas y decirle: «Mi amor, ¿dónde está la pelota *verde*?», y le hacemos el signo. El bebé deberá señalar o coger la pelota que es de ese color que le estamos indicando.
- **En una tercera fase,** podremos jugar juntando diferentes materiales de diferentes colores. Por ejemplo una pelota roja, un aro azul, una tarjeta amarilla y un cubo verde. Y le preguntaremos por ellos: «¿Dónde está el aro *azul*?», y haremos el signo. Ahora estará aprendiendo el color y el nombre común de cada uno de los objetos (aro, cubo, pelota...), que también tienen sus signos. Se los podremos hacer más adelante.

Clasificación

Otra actividad muy interesante con los colores es aprender a clasificarlos. Para ello en este caso necesitarás **cuatro cestas**. Los peques tendrán que meter los objetos rojos en una cesta, los azules en otra, los amarillos en otra y los verdes en otra. **Con este juego desarrollarán la lógica, el orden, y la relación entre otras cosas**.

¿Sabías que con este tipo de juegos de clasificación a través de los sentidos se empiezan a asentar las bases de las matemáticas? Los niños empiezan a comprender que a pesar de existir objetos muy similares, estos a su vez pueden ser muy diferentes, lo cual les ayuda mucho a, entre otras cosas, trabajar la lógica.

Los peques estarán aprendiendo un montón y tú...
¡alucinarás en colores!

Juego del veo veo

Este juego es supersencillo y te va a salvar de un montón de momentos delicados, como pueden ser que el peque te pida un juguete y se te haya olvidado, o que haya una cola eterna en la panadería y no sepas cómo entretenerle. Decimos que te va ser muy útil porque **tan solo necesitas tus manos, el resto está a tu alrededor**.

Material necesario

● Tus manitas.

Actividad

El juego es muy sencillo y consiste en decir: «**Veo veo... ¡un pájaro!**», **y haces el signo del pájaro y se lo señalas**. Recuerda decir siempre «Veo veo...» y así el bebé reconocerá poco a poco que esas palabras significan que vais a pasarlo en grande. Pero esto no queda aquí, sigue leyendo porque esta propuesta puede acompañaros durante mucho tiempo.

Diferentes niveles y opciones:

● NIVEL 1.
Dices la palabra y haces el signo: muy importante empezar por aquí si estás empezando con el Baby Sign.

● NIVEL 2.
Dices solo la palabra esperando que el peque haga el signo: cuando el peque ya ha relacionado palabra-signo, y sabes que es capaz de hacerlo con sus manitas, pasamos a este nivel. Si notas que al principio no lo hace, ayúdale de vez en cuando hasta que coja soltura.

● NIVEL 3.
El peque te hace el signo: esta fase es maravillosa. Es el bebé el que arranca el juego y os lo pasáis genial. Lo que te tocará es buscar tú lo que está signando y decirle la palabra del signo.

● NIVEL 4.
Haces el signo esperando que el peque diga la palabra: seguimos empleando la misma fórmula de decir «Veo veo...», pero cuando llega el momento de decir la palabra no la dices y haces el signo. Este nivel promueve y estimula que el peque intente decir la palabra a la vez que busca lo que le estás signando.

- NIVEL 5.

  El peque dice todo hablando: «veo veo... pipi», para decirnos que está viendo un pájaro (por ejemplo). Este es el máximo nivel del juego, y es muy emocionante porque, como bien sabes, el fin último del Baby Sign es que el peque termine hablando y deje de emplear los signos.

> Aquí habrás llegado al juego
> del veo veo tradicional.

Juego de los coches de colores

¿Alguna vez has jugado cuando eras pequeño a decir los nombres de los logos de los coches? Veías un coche con una estrella y quien antes decía el nombre ganaba. «¡Es un Mercedes!», se escuchaba. Buenos recuerdos, ¿verdad? Tranquilo, que a ese juego seguro que no tardas en jugar con él, pero mientras, vamos a jugar con los coches de la calle de otra forma más sencilla pero igualmente divertida.

Material necesario

- Coches aparcados.

Actividad

El juego consiste en **ir diciendo y signando los colores de los coches que os vais encontrando en vuestro paseo**.

«¡Oh, mira, un coche rojo!», y luego «¡Un coche azul!»... y así sucesivamente. Ojo, no se trata de que los signéis todos, que con la emoción de hacer Baby Sign os vemos venir. Se trata de ir haciéndolo de vez en cuando o cada determinado número de coches. Cuidado, porque si no, el paseo se os puede hacer muy largo.

> Ya verás qué divertido será cuando el peque
> te los signe proactivamente.

Juego del semáforo

Este juego es muy sencillo y divertido a la vez que didáctico.

Material necesario

- Un paseo por una zona con semáforos.

Actividad

Esta actividad es supersencilla a la vez que didáctica, y además de **enseñar a tu peque los colores y divertiros juntos, podrás empezar a enseñarle que solo se cruza cuando el semáforo está en color verde**.

Cuando os acerquéis al semáforo, le dices el color y haces el signo. Solo cruzaréis y os pondréis contentos cuando esté de color verde.

Cuando el semáforo esté en color rojo aprovecharemos y le contaremos el signo de «daño», «pupa» o «dolor». Podremos decir algo como «Mi amor, si el semáforo está en *rojo* tenemos que tener cuidado porque podemos hacernos *pupa*».

Dolor

Juego de la caja mágica o saco misterioso

Este juego es supersencillo y te permitirá repasar un montón de signos, a la vez que os reís mucho.

Material necesario

- Necesitas un saco, una caja, o una bolsa mágica, aunque también puedes jugar con un calcetín o un bolsillo, si no los tienes a mano.
- Animales de juguete.
- Tarjetas de colores.
- Frutas de juguete.

Puedes trabajar con tantos objetos y juguetes como desees. Lo más importante aquí es que tengas una bolsa de un material que **no permita que se vea lo que hay en su interior**.

Introduce en ella objetos variados. Es importante que metas algunos cuyo signo ya entienda el peque o sepa hacerlo, y otros que sean relativamente nuevos.

Actividad

El juego consiste en **ir sacando de forma aleatoria los objetos. Sacamos uno, se lo mostramos al peque y le decimos «¡Oh, mira, un *perro*!», y le preguntamos el signo y lo hacemos nosotros a la vez.** Así, iremos sacando objetos de la misteriosa bolsa. Si el peque desea introducir él la mano, no pasa nada, le dejaremos interactuar con nosotros y mostraremos muchísima ilusión. Haremos el signo y juntos repasaremos muchos signos. Podrás escoger si vas dejando los objetos fuera de la bolsa o si vuelves a meterlos.

Como hemos indicado antes, es importante meter objetos cuyos signos motiven al peque, por lo que no debemos meter signos muy difíciles, o si no el juego no le parecerá atractivo.

APROVECHA LA SITUACIÓN Y SACA EN CADA MOMENTO LOS OBJETOS QUE MÁS TE CONVENGAN. SI VES QUE HAY ALGUNO QUE LE HACE MUCHA GRACIA, LOCALÍZALO DENTRO DE LA BOLSA PARA METERLO Y SACARLO MÁS VECES QUE EL RESTO.

¡Disfruta de la magia!

Juego de las formas geométricas

Habrás visto que la gran mayoría de los juguetes infantiles incorporan formas geométricas. Esto no es una moda ni es casualidad. El cuadrado, el círculo, el rectángulo y el triángulo son las primeras formas que se enseñan a los bebés. Aparecen en fichas, en dibujos, en piezas de madera con esas formas, etc. **Con ellas se trabajan la lógica y las relaciones de los objetos en dos y en tres dimensiones, a la vez que aprenden jugando.**

Con el Baby Sign, siempre que queramos jugar o referirnos a este tipo de objetos y formas, **haremos el signo dibujándolo en el aire**. Es decir, **apuntando con nuestros dedos índices** haremos la figura de un círculo, o de un triángulo... Diremos, por ejemplo, «Vamos a buscar el *triángulo*», y lo cogeremos y se lo mostraremos al peque.

18

TODOS A
COCINAR

Cocinar con los peques y hacer con ellos pequeñas y sencillas recetas es una idea fabulosa para que **descubran los alimentos** y que no solo se diviertan, sino que además fomentemos con ello su **autonomía** y la **importancia del trabajo en equipo**, entre otras muchas cosas.

GRACIAS AL BABY SIGN, PODEMOS ENSEÑARLES UN MONTÓN DE NOMBRES Y DE COSITAS SUPERINTERESANTES. LES PRESENTAREMOS LOS ALIMENTOS PONIÉNDOLOS A SU ALCANCE, SE LOS IREMOS MOSTRANDO Y LES IREMOS HACIENDO CADA SIGNO DE FORMA INDIVIDUAL.

Veréis que algunos alimentos les gustan más que otros, y puede que con alguna textura más especial sea necesario esperar un poco a que los manipulen con soltura. Muchas veces las texturas, o las formas, no les atraen demasiado las primeras veces que los ven. Aun así, deberemos seguir mostrándoselos.

Por supuesto, **todo lo que preparemos con ellos será bajo la supervisión de un adulto**, para evitar accidentes, y con la preparación de una cocina adaptada a los más chiquitines.

SI UN OBJETO O RECIPIENTE PUEDE SER SUSCEPTIBLE DE CORTAR O DE ROMPERSE, NUNCA PERMITIREMOS QUE LO MANIPULEN LOS MÁS PEQUEÑOS DE LA CASA HASTA QUE NO TENGAMOS LA SUFICIENTE CONFIANZA Y CONTROL SOBRE SU MANEJO.

Todas las recetas que vamos a presentar a continuación son para peques **a partir de los seis meses de edad**. Recordamos que, si ningún profesional indica lo contrario, **los bebés no deben iniciar la alimentación complementaria hasta esa edad**.

Tortitas de manzana

Duración:

15 minutos

Ingredientes necesarios:

- 1 manzana
- 1 huevo

- ½ taza de bebida de avena
- ½ taza de harina de avena integral
- 1 cucharada de levadura
- Aceite de oliva virgen extra
- Canela o dátiles al gusto (opcional)
- Un plátano para decorar

Preparación:

Nos ponemos manos a la obra y le **hacemos al peque el signo de la manzana**, del **huevo** y de la **leche,** ya sea una bebida láctea o una bebida vegetal. Ahora estarás pensando: «¿Y del resto de ingredientes no hacemos los signos?». En este caso, el resto de los ingredientes no tienen signo en Baby Sign, y no pasa absolutamente nada por no hacerlos.

NUNCA DEJAREMOS DE HACER ALGO PORQUE NO TENGA SIGNOS. RECUERDA QUE EL OBJETIVO DEL BABY SIGN ES QUE NO OS RESULTE ALGO COMPLICADO A VOSOTROS Y QUE SEA UNA HERRAMIENTA DIVERTIDA PARA LOS BEBÉS.

Jugaremos y nos divertiremos con los otros tres signos que sabemos, y si en un momento dado os apetece inventaros un signo por ejemplo para

la harina, no pasará nada. ¡Será un signo estupendo y maravilloso para ti y tu peque!

1. **Asamos la manzana en el microondas**, en el horno, al vapor o cocida en agua. En esta receta vamos a hacerla al microondas (el resto de los puntos serían los mismos, dando igual la opción que escojamos); la metemos en el microondas cortada por la mitad sin el corazón y sin las pepitas y lo ponemos a funcionar unos tres o cuatro minutos a potencia máxima hasta que observemos que está asada. Muchísimo cuidado cuando termine, porque la manzana sale realmente caliente del microondas y su vapor quema mucho. Este alimento coge mucho calor.

2. **En un vaso o recipiente vamos mezclando el resto de los ingredientes menos el plátano.** Vamos metiendo uno a uno y hacemos el signo de forma individual. Un truco aquí es que puedes tener los ingredientes previamente preparados en pequeños cuencos. De esta manera solo habrá que volcarlos. Podemos dejar que antes los toquen y que experimenten con ellos, y luego los echamos en un recipiente más grande.

Plátano

3. **Mezclamos y trituramos** con una batidora de mano todos los ingredientes, incluyendo la manzana, hasta tener una pasta homogénea y ¡ya tendremos lista la masa de las tortitas!

4. En una **sartén** antiadherente echaremos un chorrito muy pequeño de aceite de oliva virgen extra e iremos poco a poco echando la masa en la sartén. Puedes ayudarte de una cuchara o echarla a ojo. Recuerda que luego crecen bastante, y si son pequeñas serán más sencillas de manipular para los peques.

5. Cuando veas que les salen **burbujitas** en la parte de arriba, estarán listas para darles la vuelta. Unos segundos más, y las vamos poniendo en un plato.

· · · MINICONSEJO: ·

Si a medida que las haces las vas colocando una encima de otra evitarás que se enfríen. Y si cogéis un plátano o una manzana (le haces el signo del plátano al peque), lo cortáis en trocitos y decoramos las tortitas, habréis repasado y disfrutado de otro delicioso signo. Si en un momento dado se quiere incorporar el plátano a la masa principal de las tortitas no pasa nada, es otra opción riquísima y supersaludable.

Pastelitos de patata y brócoli

Esta receta es supersupersencilla. Solo necesitas tres ingredientes, y gusta mucho a peques y mayores. Además, es ideal si los quieres llevar fuera de casa.

Duración:

1 hora (30 minutos de preparación y 30 minutos de horneado)

Ingredientes necesarios:

- 100 g de brócoli
- 500 g de patatas (3 patatas medianas o 2 grandes)
- Dos cucharadas de aceite de oliva virgen extra

En esta receta los tres ingredientes tienen signos. Recuerda hacerlos y jugar con el peque mientras lo pasáis en grande.

1. **Lavamos las patatas**. Podemos dejar que el peque las meta en un recipiente grande con agua fría y le hacemos el signo del «agua», e incluso le podemos decir que las patatas se están «bañando», y le hacemos el signo. Cuando ya estén limpias, las sacamos y las secamos con un trapo.

2. **Ponemos las patatas a cocer** en agua, y cuando estén listas, las dejamos enfriar. Algo que puedes hacer para que este proceso no se alargue mucho es tener las patatas previamente cocidas por otro lado, y jugar a lavar unas patatas nuevas que en realidad no vamos a usar.

3. **Precalienta** el horno. Ponlo a 250 grados y así, cuando lo necesites, estará listo.

4. **Pelamos las patatas y las cortamos** en trozos muy finos como si fueran espaguetis, o si no, con la ayuda de un rayador, las vamos rayando (esta segunda opción es mucho más sencilla). Este paso es al 100 % necesario que lo haga un adulto. Al peque podemos dejarle que, por ejemplo, vaya jugando con la patata según la vamos cortando.

5. **Cogemos el brócoli y lo rayamos** hasta el tronco. Intentamos que los trocitos que van quedando sean pequeñitos.

6. **Mezclamos con las manitas la patata y el brócoli** rallado. Aquí podemos repasar ambos signos de los alimentos.

7. **Jugamos a hacer pequeños pastelitos** con las manos y los vamos poniendo sobre la bandeja del horno encima de papel de hornear.

8. **Los pintamos** con aceite de oliva virgen extra.

9. **Metemos la bandeja con nuestros pastelitos al horno**, previamente precalentado. Los pondremos entre 10 y 15 minutos por cada uno de los lados hasta que queden doraditos.

· · · **MINICONSEJO** ·

Si os gustan las especias, podéis introducirlas en el momento de mezclar el brócoli con la patata. ¡Quedarán unos pastelitos riquísimos!

Galletas de plátano sin huevo

Si todavía no habéis introducido el huevo, o el peque es intolerante a este alimento, estas galletas os resultarán una maravillosa elección.

Duración:

1 hora

Ingredientes necesarios:

- 1 cucharada grande de semillas de chía
- 50 ml de agua o ¼ de vaso de agua
- 350 g de plátano (unos 3 plátanos aproximadamente)
- 220 g de copos de avena integral
- 100 g de harina de avena integral
- Canela o dátiles al gusto (opcional)

Aquí podríamos hacer los signos de los cereales para las semillas de chía y los copos de avena, y el agua, el plátano y las galletas. Recuerda que si no sabes alguno de los signos no pasa nada, lo importante es disfrutar. Los dátiles y la canela no tienen signo en Baby Sign.

1. En un cuenco con agua metemos las **semillas de chía a remojo**. Pasados unos 15 minutos, podrás comprobar que se han gelatinizado. La chía se ha hidratado y su aspecto y textura han cambiado.
2. **Precalentamos** el horno a 180 grados para tenerlo listo más adelante.
3. **Pelamos con nuestro peque el plátano**. Le hacemos el signo y lo metemos en otro cuenco un poco más grande que el anterior para aplastarlo tranquilamente e introducir luego el resto de ingredientes.
4. Una vez aplastado el plátano, **metemos todo en el mismo cuenco**; las semillas de chía, los copos de avena integral, la harina de avena integral y, si queremos, la canela y/o los dátiles troceados.
5. **Hacemos galletitas con las manos** y las vamos poniendo sobre la bandeja del horno encima de papel de hornear.
6. Las **horneamos** unos 20 minutos hasta que estén doraditas, y ya estarán listas.
7. Las dejamos **enfriar** y ¡a disfrutar!

· · · MINICONSEJO ·

Guárdalas en la nevera y, si no os las habéis comido antes, podrán aguantaros hasta tres días sin ningún problema.

Verde

Columpio

Sucio

19

A MOVER
EL ESQUELETO

Las partes de nuestro cuerpecito

Esta pregunta es muy común y es muy sencilla de responder. Tan solo **deberemos señalarnos o tocarnos esa parte del cuerpo que les queremos mostrar**. «Esto es un *ojo* y esto es una *oreja*, mi amor».

No tienen signos propios, simplemente con nuestro dedo índice las señalamos. Y si por ejemplo estamos aprendiendo las partes del cuerpo con un cuento o con unas ilustraciones, la señalaremos en la ilustración y luego nos la señalaremos en nuestro propio cuerpo o en el de nuestro bebé: «Sí, mira, es una *pierna* como la tuya, ¿verdad?». Si tenéis una mascota, también puede ayudaros mucho a jugar con ella.

Familia

FAMILIA / *FAMILY*

Usaremos nuestras dos manitas. Juntamos los dedos índice y pulgar de cada mano, dejando los otros tres dedos levantados, tal y como puede verse en la ilustración, y realizamos un movimiento circular hacia afuera y siempre en horizontal, hasta terminar juntando los dedos meñique de ambas manos.

· · · CONSEJO ·

La posición de las manos que hemos descrito se corresponde con la letra «F» del abecedario dactilológico de la lengua de signos de EE. UU., o ASL. No necesitas aprenderte el abecedario de memoria para poder signar con tu peque, pero nosotros siempre lo enseñamos porque, como en esta ocasión, te brindará una forma muy sencilla de recordar el signo, ya que solo es poner la letra «F» de «familia» y hacer un círculo horizontal como si estuvieras abrazando a un grupo de personas, que en este caso podrían ser nuestros padres, madres, abuelos, hermanas, primos, etc. Como decían en la película de Disney Coco: «La familia es primero», y eso nos encanta.

BEBÉ / *BABY*

Cruzaremos nuestros brazos con las palmas de las manos mirando hacia arriba, asegurándonos de hacer una especie de «cuna imaginaria» en la que meceremos al bebé de un lado a otro, tal y como señalan las flechas de la ilustración.

· · · CONSEJO ·

Los bebés son el motivo principal que nos ha traído hasta aquí. A nosotros los bebés son los que nos han motivado a escribir este libro y a hacer todo lo que hacemos, mientras que a ti son los que te han movido a querer aprender esta técnica para comunicarte con ellos y poder así responder de forma más rápida y eficaz a sus deseos, necesidades, etc. Por todo ello: ¡vivan los bebés!

Este signo es muy intuitivo porque simplemente tendrás que hacer como si acunaras al bebé para dormirle. Estamos convencidos de que si pidiéramos a la gente de la calle que se inventara un signo para bebé, la gran mayoría haría este mismo signo sin saber que es el signo establecido para «bebé».

Mamá

MAMÁ / *MOMMY*

Abrimos todos los dedos de una mano, manteniéndolos separados entre sí, y con el dedo pulgar nos damos un par de toquecitos en la barbilla al tiempo que llamamos a «mamá».

· · · CONSEJO ·

Las palabras «mamá» y «papá» suelen ser de las primeras que aprenden todos los peques, por lo que es muy común que nunca lleguen a usar este signo, porque para cuando entienden el mecanismo del Baby Sign y comienzan a devolver signos, ya saben decir estas palabras. Como ya sabes, el Baby Sign es una herramienta de comunicación temprana con bebés que se utiliza hasta que empiezan a hablar, por lo que poco a poco, de forma paulatina, los bebés dejarán de signar a medida que vayan sustituyendo signos por palabras, con lo que estas palabras que aprenden primero es posible que nunca lleguen a signarlas. Aun así, a nosotros nos encanta enseñar este signo porque es muy fácil, y si consigues que tu peque lo haga, es para derretirse de amor como la mantequilla.

Papá

PAPÁ / DADDY

Abrimos todos los dedos de una mano, manteniéndolos separados entre sí, y con el dedo pulgar nos damos un par de toquecitos en la frente al tiempo que llamamos a «papá».

· · · CONSEJO ·

En los signos de la familia es muy útil establecer la siguiente regla mnemotécnica: los signos masculinos (papá, abuelo, tío, primo, etc.) se harán siempre a la altura de la mitad superior de la cara, es decir, por encima de la línea de los ojos, más o menos a la altura de la frente. Por el contrario, los signos femeninos (mamá, abuela, tía, prima, etc.) se harán a la altura de la mitad inferior de la cara, es decir, por debajo de la nariz, más o menos a la altura de la boca o del moflete. Por lo demás, salvo para los signos de tío y tía, donde la posición de la mano varía entre uno y otro signo, la posición de la mano y el movimiento será siempre el mismo para los signos femeninos y masculinos, a excepción de la altura a la que se haga el signo, que, recordamos, es en la parte superior para los signos masculinos y en la parte inferior para los signos femeninos.

Abuela

ABUELA / *GRANDMA*

Con la mano en la misma posición que los signos de «mamá» y «papá», es decir, abierta con los dedos separados entre sí, colocaremos el dedo pulgar en nuestra barbilla y separaremos la mano hacia delante dando un saltito.

· · · CONSEJO ·

Recordamos que este signo se hace en la parte inferior de la cara porque es del género femenino. Para acordarnos de este signo nosotros siempre invitamos a nuestras familias a que piensen que entre la abuela y mamá hay un «salto generacional», y ese es el saltito que hacemos con la mano para signar a la «abuela». Debemos tener cuidado y hacer solo un saltito porque si no, corremos el riesgo de parecer un saltamontes.

Este signo lo podéis utilizar independientemente de si decís «abuela», «yaya», «amoma», «avoa», o si utilizáis cualquier otro idioma en vuestra casa. No debemos olvidar que el Baby Sign es una gran herramienta para potenciar el bilingüismo en nuestros peques.

Abuelo

ABUELO / *GRANDPA*

Con la mano en la misma posición que los signos de «mamá» y «papá», es decir, abierta con los dedos separados entre sí, colocaremos el dedo pulgar en nuestra frente y separaremos la mano hacia delante dando un saltito.

· · · CONSEJO ·

Recordamos que este signo se hace en la parte superior de la cara porque es del género masculino. Una pequeña ayuda, a modo de regla mnemotécnica para acordarnos de esto, es pensar que papá tiene cresta como los gallos, y por ello la mano se coloca en la parte superior de la cara, como si fuera nuestra propia cresta de gallo. Aquí recordamos el consejo de pensar que entre papá y el abuelo hay un salto generacional, y ese es el saltito que hacemos con nuestra mano.

Queremos aprovechar este huequito para agradecer de todo corazón a todas las abuelas y a todos los abuelos la enorme labor que realizan siempre con sus nietos y la ayuda que nos brindan siempre que pueden. ¡Gracias de todo corazón!

COMER / *EAT*

Juntamos las yemas de los cinco deditos de la mano y los llevamos a la boca un par de veces para indicar que queremos comida o que queremos comer.

· · · CONSEJO ·

El consejo de mayor envergadura que podemos darte es que es muy importante hacerle el signo al bebé cuando tengas la comida preparada y lista para ser consumida. Este consejo lo repetiremos varias veces porque es de vital importancia no crear interferencias entre el signo y su significado, ya que si no, estaríamos dificultando mucho su aprendizaje por parte del bebé.

Cuando el bebé ya tenga integrado el signo y comprenda perfectamente a qué se refiere la acción de comer propiamente dicha, ya podrás usar el signo para saber si quiere comer y entonces preparar la comida, lo cual es muy útil en nuestro día a día. Es uno de los signos básicos del Baby Sign, y de ahí su importancia.

TERMINADO / *FINISHED*

Colocamos nuestras manitas a la altura del pecho con las palmas mirando hacia dentro y las sacudimos dos veces hacia fuera, rotando la muñeca, mostrando las palmas de las manos.

. . . **CONSEJO** . . . .

Cuando introduzcas este signo por primera vez, tendrás que intentar asegurarte de que tu peque no quiere más, sea lo que sea lo que esté haciendo. Nosotros recomendamos introducirlo siempre ligado a la comida porque es una forma muy eficaz y sencilla de hacerlo, por lo que al principio deberás intentar tener la mayor seguridad posible de que tu peque ya no quiere comer más. No obstante, si alguna vez haces el signo de «terminado» y ves que el bebé sigue teniendo hambre y quiere más comida, por favor, dásela sin ningún tipo de problema o remordimiento. No pasa nada porque alguna vez tengamos que retomar la actividad que habíamos dado por terminada. ¡Ante todo, no queremos dejar con hambre a nuestro bebé!

MÁS / *MORE*

Juntamos las yemas de los cinco deditos de ambas manos y juntamos todos nuestros deditos delante del pecho. Repetimos el movimiento varias veces para pedir más.

· · · ADVERTENCIA ·

Es muy común que cuando tu peque aprenda este signo lo repita a todas horas y con todo lo que haga. Parecerá que es un recurso inagotable, porque de todo te pedirá más: más leche, más agua, más fruta, jugar más, bañarse más, dormir más, etc., etc., etc. Nosotros recomendamos introducirlo siempre ligado a las comidas porque es muy fácil introducirlo de este modo.

Un dato curioso del signo de «más» es que muchos bebés empiezan haciéndolo apoyando un dedo índice en la palma de la otra manita, e incluso dando palmas, en lugar de usar solo las yemitas. Es normal y precioso al mismo tiempo.

LECHE / *MILK*

Abrimos y cerramos la mano varias veces, a la altura del pecho, para pedir leche. El signo de «leche» es como si fuéramos a ordeñar a una bonita y alegre vaca.

· · · CONSEJO ·

Este es sin duda alguna uno de los signos más fáciles para nuestros peques y uno de los que aprenden primero, si no el primero, casi siempre. Es de vital importancia hacerle el signo de leche siempre que lo pongas al pecho o vayas a darle su biberón, para que el bebé pueda establecer la conexión entre el signo y su significado.

Nosotros recomendamos usar siempre este signo para cualquier tipo de leche que tome el bebé, ya sea leche materna o de fórmula. Es cierto que para la leche de fórmula podría usarse el signo de «biberón», pero repetimos que puede resultar complicado para los bebés establecer la diferencia entre una cosa y otra.

Agua

AGUA / *WATER*

Levantamos nuestros tres deditos centrales de la mano haciendo una «W» (de *water*, que es 'agua' en inglés) y nos golpeamos dos veces la barbilla para pedir agua.

··· ADVERTENCIA ·································

La «W» es muy difícil de hacer para los peques, por lo que muchos de ellos empiezan haciendo este signo golpeándose la barbilla con toda la palma de su manita. Es algo comprensible, y siempre podremos corregirlo de forma positiva, para lo cual deberás celebrar que haya hecho el signo, y luego lo repetirás de la forma ortodoxa, para que así, poco a poco, aprenda a hacer la «W».

A pesar de que piscina, río, mar, lago y océano tienen su propio signo y cada uno es diferente, es muy común que nuestros peques utilicen el signo de «agua», e incluso el signo de «baño», para referirse a cada una de estas masas de agua.

Carne

CARNE / *MEAT*

Usaremos nuestras dos manitas. Una de ellas la abriremos, manteniendo los dedos juntos entre sí, y con el índice y pulgar de la otra mano, haciendo la pinza, pellizcaremos la mollita que separa los dedos índice y pulgar de la mano estática.

· · · CONSEJO ·

Al principio, cuando los bebés son más pequeños, nosotros recomendamos utilizar el signo de carne para referirnos a cualquier tipo de carne y así no confundirles; es decir, no hacemos distinción entre carne de vaca, pollo, cerdo, etc. En verdad, el Baby Sign utiliza este signo de forma genérica, pero también es interesante que cuando los bebés sean un poco más mayores y vayan conociendo los animales y sus diferencias, podamos explicarles qué tipo de carne tienen delante: pato, pollo, pavo, etc.

Es muy importante que la mano que pellizca a la otra sea siempre con la pinza de los dedos índice y pulgar, porque si pellizcamos con el resto de dedos de la manita, estaremos haciendo el signo de «morder».

Pescado

PESCADO / *FISH*

Abriremos una de nuestras manitas, manteniendo los dedos juntos, a excepción del pulgar, que quedará mirando hacia arriba, y lo moveremos de forma ondulante hacia adelante imitando el movimiento de un pez que nada en el mar.

. . . CONSEJO . . . .

Este signo se puede hacer con una sola mano o con las dos. Si preferimos esta segunda opción, deberemos juntar ambas manitas tocando con las yemas de nuestros cuatro dedos la mollita de la otra mano, que también estará estirada, y realizaremos el mismo movimiento ondulante hacia adelante para referirnos al pescado o al pez. Aquí no haremos distinción entre pez y pescado, ya que el signo es el mismo, y tampoco podremos hacer distinción entre diferentes tipos de pez porque no tienen signo propio, a diferencia de la vaca, el cerdo, el pollo, etc. Sí es verdad que hay animales acuáticos con signo propio, como pueden ser el tiburón, la foca, el delfín, el pingüino, etc., pero no son animales marinos que se suelan servir como plato de comida.

PAN / *BREAD*

Ponemos una mano en horizontal, con los deditos estirados y la palma mirando hacia dentro, que será nuestro «pan imaginario», y con la otra hacemos como que cortamos varias rebanadas de pan.

· · · **CONSEJO** ·

El pan es uno de los alimentos favoritos de nuestros peques, y además es muy socorrido. A todos nos habrá salvado más de una vez el tener un buen trozo de pan o un currusco a mano para darles de comer en caso de emergencia. Por este motivo, es un signo muy útil en el día a día, y a nosotros nos encanta enseñarlo.

Una actividad que a nosotros nos fascina para los peques es hacer pan. Les brinda la oportunidad de probar y conocer muchísimas texturas: la harina, el agua, la masa, etc. Es un momento perfecto para introducir el signo del pan y un momento perfecto también para estrechar el vínculo con nuestros peques, además de una gran oportunidad para volver a jugar como un niño, lo que no es poco.

Manzana

MANZANA / *APPLE*

Colocaremos nuestra manita en la posición de la letra «A» del abecedario dactilológico (manita cerrada en puño manteniendo el pulgar por fuera de los otros deditos), y con el dedo índice apoyado sobre el moflete, haremos un movimiento giratorio.

· · · · CONSEJO ·

El movimiento giratorio del que hablamos es como si apretáramos un tornillo con un destornillador. Con un par de giritos sería suficiente. La manzana es una fruta muy nutritiva y a los peques les encanta, pero son un poco peligrosas de introducir al principio porque son un poco duras y el riesgo de atragantamiento es demasiado alto. Para ello, nosotros os recomendamos asar la manzana (puede ser en el microondas). Por cierto, un toque de canela le queda espectacular.

Un cuento que nos encanta para enseñar a los peques diferentes frutas, entre ellas la manzana, es el de «La oruga glotona», de Eric Carle. Es un cuento precioso y que tiene muchas palabras que podemos signar, por lo que a los peques les vuelve locos.

Naranja

NARANJA / *ORANGE*

Colocaremos nuestra manita debajo de la barbilla y la abriremos y cerraremos un par de veces, como si estuviéramos exprimiendo la naranja.

... CONSEJO ....

El signo de «naranja» hace referencia tanto al color como a la fruta, por lo que el signo es exactamente igual. Es muy parecido al signo de la leche, solo cambia el lugar donde se sitúa la mano que hace el signo, por lo que es importante tener clara la diferencia para no confundir a nuestros peques en el futuro. Esto pasa con otros signos, y por ello debemos intentar ser siempre lo más ortodoxos posible, sin olvidar nunca que la finalidad última del Baby Sign es poder entenderte con tu peque, por lo que tampoco debemos volvernos locos y ser unos puristas, siempre que entendamos lo que nos piden, dicen o cuentan.

La mandarina es una fruta por la que nos preguntáis mucho, pero no tiene signo, por lo que nosotros siempre os recomendamos que uséis el mismo signo para ambas frutas. Aun así, ha habido familias que han creado por su cuenta el signo de «naranja pequeña», lo cual nos parece genial y os animamos a hacerlo siempre que lo necesitéis.

Plátano

PLÁTANO / *BANANA*

Levantaremos el dedo índice de una de nuestras manitas (es indiferente de cuál de ellas), que será nuestro «plátano imaginario», y con la otra manita haremos como que lo pelamos, siempre de arriba a abajo.

· · · CONSEJO ·

El plátano es sin lugar a dudas una de las frutas estrella para los peques. A ellos les encanta, y para nosotros también es una fruta muy socorrida para llevar siempre a mano. Pero ¿sabías que el plátano es, además de una gran fuente de potasio, un alimento bajo en grasas? Esto lo convierte en un alimento perfecto para nuestros peques porque les aporta muchísimos nutrientes.

Para jugar con los signos de las frutas, nosotros te recomendamos la canción «El baile de las frutas», del grupo infantil Pica Pica. También tienen «El baile de la ensalada», pero es más para jugar con los signos de las verduras, que también son importantísimas para ellos.

Perro

PERRO / *DOG*

Con la palma de nuestra mano abierta, nos daremos un par de golpes en la cadera para hacer el signo de «perro». El movimiento es como si estuvieras llamando a un perrito para que viniera a tu lado.

... CONSEJO ....

Muchas familias nos preguntáis cómo llamar a vuestra mascota, si es mejor usar el nombre de la mascota o usar el signo acompañado de la palabra genérica «perro». Nuestra recomendación es, y será siempre, que a vuestra mascota la llaméis por su nombre. En muchas ocasiones intentamos no confundir a nuestros peques, pero en este caso es mejor hacer la diferenciación porque ellos son perfectamente capaces de entender la diferencia entre su perro y el perro que ven paseando por el parque.

Existen otras formas de signar «perro», como puede ser chasquear los dedos dos veces como si le estuviéramos llamando, pero nos parecen mucho más complicadas y difíciles de ejecutar para nuestros peques, por lo que nosotros nunca las recomendamos.

Gato

GATO / CAT

Colocamos nuestras dos manitas en posición de pinza. Con nuestros pulgares y deditos índice de ambas manos nos peinamos los bigotes de gato, como si estuviéramos acicalándonos.

· · · **CONSEJO** ·

Siempre que hagas el signo de un animal, sea el que sea, es de vital importancia acompañar el signo de la palabra y de la onomatopeya o sonido del animal que estés signando. El Baby Sign debe introducirse siempre a través del juego, tal y como hemos explicado anteriormente, y los sonidos son un elemento superpotente para captar la atención de nuestros peques y hacer que se diviertan. Así que ya sabes, deja la vergüenza a un lado y ponte a maullar, ladrar, relinchar, cacarear o lo que haga falta. La gente te mirará raro, pero poco a poco comprenderás que te da igual porque verás a tu peque disfrutar muchísimo, y eso no tiene precio.

PÁJARO / *BIRD*

Imaginaremos que el pulgar y el dedo índice de nuestra manita son el pico del pájaro, dejando el resto de dedos recogidos. Para el signo de «pájaro» abriremos y cerraremos nuestro «pico imaginario» como si el pájaro estuviera cantando.

· · · CONSEJO ·

El signo de pájaro es igual para cualquier pájaro que podáis encontrar. No se hace distinción entre palomas, gorriones o cigüeñas. Una actividad que les encanta a los peques es echarles de comer a los «pipis», y este es un momento perfecto para enseñarles el signo.

Si nuestro «pájaro imaginario» come de la palma de nuestra otra mano, estaremos haciendo el signo de «gallina», y si el pico lo hacemos con todos los deditos de nuestra mano, estaremos haciendo el signo de «pato». Ya lo hemos dicho anteriormente, pero en este conjunto de signos es más importante, si cabe, reproducir los sonidos de cada animal para acentuar la distinción entre ellos.

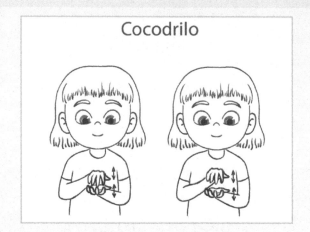

Cocodrilo

COCODRILO / *CROCODILE*

Utilizaremos ambas manitas. En este caso, imitaremos el movimiento de la boca del cocodrilo abriendo y cerrando las manos como se puede apreciar en la ilustración. Sería como si nuestro cocodrilo «imaginario» abriese y cerrase la boca. Los dedos de ambas manos se entrelazan cuando se cierra la boca de nuestro cocodrilo.

· · · CONSEJO ·

Los animales son signos que suelen llamar mucho la atención de nuestros peques porque los ven en los cuentos, en los estampados de las paredes, en fotos, etc. Cuando son muy peques, a veces puede ser confuso enseñarles los animales a través de cuentos e ilustraciones porque muchas veces se separan demasiado de la realidad. ¿Cuántas veces abres un cuento y el elefante es rosa, el león verde o el mono morado? Para intentar evitar estas confusiones, nosotros recomendamos buscar libros o cuentos que utilicen fotos reales de animales. No hay muchos, pero lo cierto es que les encantan a los peques, a pesar de que no resulten tan infantiles.

Un cuento maravilloso para aprender el signo de cocodrilo es «Animales», de la serie De la cuna a la Luna. Se trata de una colección de libros muy amenos porque suelen cantarse, y tienen ilustraciones que funcionan muy bien con el Baby Sign. Os diríamos que es un básico para jugar con nuestros peques.

Elefante

ELEFANTE / *ELEPHANT*

Estiraremos los cuatro deditos de nuestra mano, dejando el pulgar pegado a la palma de la mano, y desde la zona de la boca haremos un movimiento ondulante hacia abajo y hacia adelante, imitando la trompa de los elefantes.

· · · CONSEJO ·

Ya lo hemos dicho anteriormente, pero es muy importante repetir la importancia que tiene en el Baby Sign el uso de los sonidos para captar la atención de los peques y que conciban el Baby Sign como algo divertido y que llame su atención.

Cuando queramos decir a nuestros peques qué es una cría de elefante, o de cualquier otro animal, usaremos los signos de bebé y el del animal que corresponda. Así podremos enseñarles también la diferencia entre un animal grande y el mismo animal pero pequeño.

El del elefante es un signo que aparece en muchas canciones, por lo que siempre da mucho juego. Os recomendamos la canción «El baile de los animales» de El Reino Infantil, en la cual aparecen muchos otros animales y cuyo ritmo es muy divertido.

Jirafa

JIRAFA / *GIRAFFE*

Usaremos una de nuestras manitas para acariciarnos el cuello de abajo hacia arriba, con el pulgar por un lado del cuello y el resto de dedos por el otro lado. El movimiento no termina al llegar a la barbilla, sino que continúa hacia arriba, a semejanza de los cuellos de las jirafas, que son kilométricos.

· · · CONSEJO ·

En nuestros talleres siempre recomendamos a las familias que alarguen mucho las vocales de la palabra «jirafa» para transmitir esa sensación de longitud del cuello. No diríamos «jirafa», sino «jii-iiraaaaaaaaafaaaaaaaaa», con lo que podremos captar mejor aún la atención del peque y aumentar así las posibilidades de que sienta interés por este signo, lo aprenda, lo entienda y lo devuelva.

¿Conoces a la jirafa Sophie? Se trata de un mordedor de silicona con forma de jirafa que a los bebés les suele encantar, y nos brinda la oportunidad perfecta de poner en práctica este signo.

Dinosaurio

DINOSAURIO / *DINOSAUR*

Usaremos nuestros dos bracitos. Uno de ellos lo pondremos en horizontal, con la palma de la mano mirando hacia abajo, y con el otro brazo en vertical y los deditos juntos, moviéndose como si fueran una boca que se abre y cierra, daremos saltos hacia adelante recorriendo el brazo que está en horizontal.

· · · **CONSEJO** ·

Los dinosaurios se extinguieron hace millones de años, pero siguen estando a la orden del día en cuanto a los peques se refiere. Podemos encontrarlos en todas partes: libros, ropa, dibujos animados, etc. Es un signo muy divertido porque el último movimiento de la mano que se mueve imitando la boca del dinosaurio puede servirnos para hacer cosquillas a nuestro peque, lo cual nos brinda otra ocasión perfecta de jugar y reforzar así el vínculo que nos une.

No nos cansaremos de repetirlo nunca: los peques deben ver el Baby Sign como algo divertido y ameno para que crezca su interés por los signos y el proceso sea lo más natural posible. No podemos sentarlos y enseñarles láminas para que aprendan así los signos.

AYUDA / *HELP*

Utiliza ambas manitas. Coloca una de ellas en horizontal con la palma hacia arriba, y con la otra mano haz un puño con el dedo pulgar levantado y apóyala en la mano horizontal para pedir «ayuda».

. . . . **CONSEJO** . . . .

Para facilitar a los peques el que entiendan el significado del concepto «ayuda» es muy importante que vean a los adultos de su entorno pedir ayuda para las acciones que realizan en el día a día.

Una actividad que ayuda mucho a entender este concepto consiste en que cuando sea un poco más mayor le pidas que te ayude, por ejemplo, a vaciar la lavadora, a tirar el pañal a la basura, o que te ayude quitándose las zapatillas. Es muy importante que aprenda a pedir ayuda y también a ofrecer ayuda, por lo que siempre que podamos le involucraremos en nuestras acciones cotidianas. Siempre verbalizaremos la palabra «ayuda» primero, y luego le preguntaremos: «¿Quieres AYUDA?», o «¿Me puedes AYUDAR?».

BAÑO / *BATH*

Sitúa ambas manitas frente a tu pecho, ciérralas en forma de puño con los pulgares en alto, y muévelas hacia arriba y hacia abajo como si estuvieras frotándote el pecho con jabón.

· · · **CONSEJO** ·

El signo de «baño» es uno de los que más emociona a los peques porque suele ser un momento de gran placer y disfrute para ellos. Lo más recomendable es hacerle el signo cuando le hayas desnudado en el cambiador, y acto seguido ir directamente a la bañera. Debes tener todo preparado: bañera lista, el agua calentita, la toalla en su sitio y todo listo para el baño. Como ya hemos explicado anteriormente, debemos intentar no crear interferencias que distraigan la atención del peque y le dificulten el aprendizaje del signo.

Suele ser muy fácil ver cuándo nuestro bebé entiende el signo, como etapa previa a devolverlo, porque es muy común que cuando esté desnudito y se lo hagamos, se emocione mucho y empiece a hacer aspavientos con las manos y pies, como diciendo «Llévame al agua patos». Es un momento mágico.

SUCIO / *DIRTY*

Colocamos una de nuestras manitas bajo la barbilla, con los dedos extendidos y la palma mirando hacia abajo, y movemos todos los dedos a la vez para indicar que algo está «sucio».

· · · · CONSEJO ·

Nosotros recomendamos utilizar el signo de «sucio» para cuando los peques se agachan y tocan o cogen cosas de la calle que no queremos que toquen. Es muy común escuchar que las cosas del suelo no se tocan porque son «caca», pero a nosotros nos parece confuso y contradictorio porque es muy importante enseñar a los peques lo que es la caca de verdad para poder ir facilitando poco a poco el camino hacia la retirada del pañal.

En todos los signos en general, pero en este en particular, la expresión facial adquiere una gran importancia porque captará la atención del peque y le gustará imitarte como parte del juego. Es muy importante que a la vez que decimos que algo está «sucio», reforcemos el mensaje poniendo expresión de desagrado o de que algo no nos gusta.

Caca

CACA / *POOP*

Utiliza ambas manos. Cierra una de ellas en un puño, dejando el pulgar en alto, y con la otra rodea dicho pulgar. El movimiento será dejar caer la mano de abajo, como si fuese la caquita que cae en el inodoro.

· · · CONSEJO ·

Muchas veces nos preguntáis qué mano debe ir arriba y qué mano debe ir abajo, pero es indiferente. Tu peque aún no se sabe si es zurdo o diestro, y por ello no tiene la más mínima importancia si le signas con una mano o con la otra.

Es un signo que es muy gráfico, y puede llegar a ser muy divertido. Es un signo perfecto para ir introduciendo poco a poco la retirada del pañal, porque para que esta se pueda realizar, ellos deben controlar sus esfínteres y ser conscientes de lo que es pipí y lo que es «caca». Para ello, siempre que le cambies el pañal a tu peque, cuéntale si tiene pipí o tiene «caca» y así iremos formando una idea sólida.

Pañal

PAÑAL / *DIAPER*

Utiliza ambas manitas y colócalas a la altura de tu cintura. Extiende el pulgar, dedo índice y dedo corazón de ambas manos y muévelos haciendo pinzas, como si estuvieras cogiendo las tiras de velcro del pañal.

· · · CONSEJO ·

El momento de cambiar el pañal a los peques suele ser un gran momento para signarles, porque suelen estar tumbados en el cambiador mirándote, por lo que toda su atención la tienen puesta en ti. Es cierto que este signo se realiza a la altura de la cintura, pero, sobre todo al principio, no pasa nada si se realiza delante de nuestra cara para que puedan verlo bien y aprenderlo. Más adelante, colocaremos el signo en su sitio original.

Otro ejemplo muy claro es cuando tenemos a los peques tumbados en el cambiador y desnuditos para ir al baño, ya que es un gran momento para signarles la «hora del baño» y ver lo contentos que se ponen cuando lo empiezan a entender.

LAVAR LOS DIENTES / *TOOTHBRUSH*

Estira el dedo índice de una de tus manitas, como si fuera un cepillo de dientes, y haz con él como si estuvieras cepillándote los dientes.

· · · CONSEJO ·

La rutina del cepillado de dientes debemos intentar instaurarla desde que a nuestro bebé le salga su primer dientecito. Puede parecer una exageración, pero asentar una buena higiene bucodental desde edades tempranas es fundamental para consolidar buenos hábitos y prevenir infecciones, que luego siempre se pueden complicar.

Para que tu peque aprenda este signo, es importante que te vea a ti lavarte los dientes y hacer el signo mientras lo haces. Por lo general, siempre intentan imitarnos en todo lo que nos ven hacer, y debemos aprovecharlo todo lo que podamos. Por este motivo, nosotros siempre os decimos que signarse entre nosotros, los adultos, potencia mucho el Baby Sign, ya que capta mucho la atención de los peques.

Cama

CAMA / *BED*

Junta las palmas de tus manitas y apóyalas a un lado de la cara, como si fueran una almohada, e inclina la carita hacia ese lado, como si te apoyaras en la almohada que forman las manos.

· · · CONSEJO ·

Existe un signo para «dormido» (colocamos la mano abierta delante de nuestra cara, con la palma mirando hacia nosotros, y luego alejamos la manita de la cara mientras juntamos los dedos y cerramos los ojos), pero nos parece siempre más complicado y menos intuitivo que el signo de «cama». Este es el motivo por el que nosotros animamos a nuestras familias a que utilicen el signo de «ir a la cama» como sustitutivo del signo de «dormir».

Para integrar este signo de forma alegre y divertida, nosotros cantamos una canción del grupo Cantajuego que se llama «Para dormir a un elefante». A los peques les encanta esta canción por el ritmo que tiene, y a nosotros nos encanta porque tiene muchas palabras que podremos signar, tanto animales como rutinas, frutas, objetos, etc.

Compartir

COMPARTIR / *SHARE*

Utiliza tus dos manitas. Sitúa una de ellas en perpendicular mirando a tu pecho con el pulgar hacia arriba, y con la otra mano apoyada en la primera, muévela hacia delante y hacia atrás.

. . . **CONSEJO** . . . .

El signo de compartir es como si estuvieras repartiendo algo: cuando mueves tu manita de arriba hacia adelante piensa: «Esto para ti», y cuando la muevas hacia atrás piensa: «Esto para mí».

Que tu peque aprenda a compartir es algo importantísimo, pero debes intentar siempre que nazca de él esa acción. Debemos enseñarle poco a poco a compartir. No es recomendable obligar al peque a que comparta sus cosas con otros si no es algo que nazca de él cuando le preguntas, al igual que nosotros los adultos no vamos prestando nuestro teléfono, nuestro ordenador o nuestro coche a personas que no conocemos de nada y nos cruzamos en el día a día. La mejor forma de enseñarles a compartir vuelve a ser predicar con el ejemplo. Teresa de Calcuta dijo una vez: «No te preocupes porque tus hijos no te escuchen, te observan todo el día».

Azul

AZUL / BLUE

Abre una de tus manitas y colócala a un lado de la cara. Estira los deditos y mantenlos juntos entre sí, dejando tu pulgar pegado a la palma de la mano (tal y como se observa en la ilustración), y haz un movimiento giratorio de muñeca hacia fuera dos veces.

· · · CONSEJO ·

A los peques les encantan los colores, y esto es algo que debemos aprovechar para jugar mucho con ellos e interactuar todo lo que podamos, lo que nuevamente nos ayudará a reforzar el vínculo que nos une a ellos.

Nosotros siempre recomendamos a nuestras familias que para recordar el signo de «azul» deben pensar en la familia real, en concreto en la reina, que saluda siempre haciendo ese girito de muñeca que es igual que el signo de «azul». Además, siempre se ha dicho que la sangre de las familias reales es azul, lo que nuevamente es una gran regla mnemotécnica para no olvidar nunca este signo.

ROJO / *RED*

Usaremos solo una de nuestras manitas. Estira tu dedo índice, manteniendo el resto cerrados en un puñito, y acaricia tu labio inferior en un único movimiento de arriba hacia abajo.

· · · CONSEJO ·

El signo original de «rojo» es el que hemos explicado, y se hace acariciando el labio inferior para hacer referencia al rojo de los labios. No obstante, cuando nosotros nos formamos como instructores nos enseñaron una variante del signo, que es la que nosotros enseñamos a nuestras familias por dos razones muy sencillas: precaución e higiene. Esta variante del signo «rojo» es rozar la barbilla con el dedo índice en lugar de acariciar el labio. Los peques no siempre pueden tener las manos limpias, ya que gatean, tocan todo lo que encuentran, etc., por lo que es preferible que no se toquen la boca, que siempre es susceptible de coger algún virus indeseado.

En el caso del color «rosa», que es igual solo que acariciamos el labio con el dedo corazón, pasa exactamente lo mismo: por precaución e higiene nosotros recomendamos tocar la barbilla.

Verde

VERDE / *GREEN*

Usaremos solo una de nuestras manitas y pondremos la posición de la letra «G» del abecedario dactilológico. A continuación, sacudiremos la muñeca hacia fuera dos veces a la altura de nuestro pecho.

. . . **CONSEJO** . . . .

Como hemos dicho en más de una ocasión, aprenderse el abecedario dactilológico no es condición sine qua non para poder signar, pero sí es una herramienta muy útil, aunque solo sea para recordar signos, como esta vez. La posición de la mano en la letra «G» es la siguiente: estiramos nuestros dedos índice y pulgar y el resto los mantenemos dobladitos y por debajo de los dedos estirados (es como si hiciéramos una «C» con el pulgar y el índice, pero muy alargada y estrecha).

Para aprender los colores nosotros recomendamos el cuento «Cocodrilo» de la serie De la cuna a la Luna, de la editorial Kalandraka, y la canción «The rainbow colors song», que tiene casi todos los colores y es muy buena para signar.

AMARILLO / *YELLOW*

Pondremos la posición de la letra «Y» del abecedario dactilológico en una de nuestras manitas y sacudiremos la muñeca hacia fuera dos veces a la altura de nuestro pecho.

· · · CONSEJO ·

Para recordar este signo, volvemos al abecedario dactilológico, ya que la posición de la mano es la de «Y» de *yellow*. Para componer esta posición en tu manita, ciérrala en un puñito y estira los dedos pulgar y meñique.

Otra regla mnemotécnica para acordarte del signo de amarillo es pensar en los surfistas, ya que utilizan este saludo para comunicarse entre ellos.

Es muy importante recalcar el detalle de que este signo solo debe hacerse con una manita, porque si usáramos las dos, estaríamos haciendo el signo de «jugar» y no el de «amarillo».

Zapatos

ZAPATOS / *SHOES*

Para este signo, usaremos nuestras dos manitas: las cerramos en dos puñitos, con el dedo pulgar por fuera y por debajo del resto de dedos, mirando hacia abajo, y las chocamos dos veces a la altura del pecho.

. . . **CONSEJO** . . . .

Cuando cerramos los puñitos tal y como hemos descrito, estamos componiendo la posición de «S» del abecedario dactilológico. Es una buena forma de acordarte de este signo, ya que es la «S» de *shoe*, que es 'zapato' en inglés.

Existe una variante de este signo, que es la de «botas». Para ello colocaremos la posición de la letra «B» (deditos estirados y pegados entre sí con el pulgar doblado y pegadito a la palma de la mano) y repetiremos los dos golpecitos de ambas manos a la altura del pecho. Cuando los peques son muy peques, muchas veces les cuesta un poco entender la diferencia entre bota y zapato, por lo que no te preocupes si al principio son todo «zapatos».

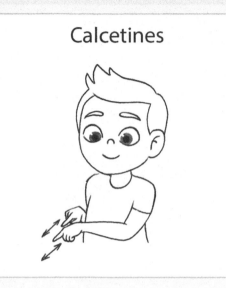

CALCETINES / *SOCKS*

Usaremos nuestras dos manitas. Estiramos los dedos índices de ambas manos y con ellos señalamos al suelo varias veces, alternando el movimiento de las manitas.

· · · **CONSEJO** ·

Para que nuestras familias puedan acordarse fácilmente de este signo, nosotros siempre les decimos que se acuerden de las abuelitas haciéndonos calcetines de ganchillo, manejando los palillos a la velocidad de la luz, en modo automático.

Es muy importante hacer este signo siempre apuntando al suelo, porque si lo hacemos apuntando al cielo estaremos signando «estrellas». Los signos de «zapatos» y «calcetines» suelen ser signos que llaman mucho la atención de los peques. Esto se debe a que suelen ser las primeras prendas de ropa que aprenden a quitarse y ponerse de forma autónoma, lo que refuerza mucho sus ganas de conocer mundo e investigar por su cuenta.

ABRIGO / *COAT*

Usaremos nuestras dos manitas. Haremos como que cogemos las solapas de nuestro abrigo a la altura de nuestros hombros y nos lo pondremos, cerrando las solapas en nuestro pecho.

· · · CONSEJO ·

En este signo tiene que entrar en juego la interpretación porque es muy parecido al signo de «mochila», aunque no es exactamente igual. Cuando hagamos el signo de «abrigo» debemos hacer como que nos reconforta ponernos el abrigo porque tenemos mucho frío. Nosotros incluso les decimos a nuestras familias que hagan como que tiritan, y que al ponerse el abrigo se calmen. Esta pequeña interpretación vuelve a brindarte la oportunidad de jugar con tu peque y que no vea el abrigo como un enemigo, sino como un aliado contra el frío.

Babero

BABERO / *BIB*

Usaremos una de nuestras manitas. Señalando nuestro pecho con el dedito índice estirado y los demás recogidos, dibujaremos la forma del babero.

· · · CONSEJO ·

El babero no es una prenda de vestir como tal, pero es el santo protector de todas las prendas de vestir. A veces cuesta creer cómo un trocito tan pequeño de tela nos puede salvar de tantas manchas horribles en el día a día y nos permite no estar todo el día poniendo lavadoras, lo que estropea muchísimo la ropa y el medio ambiente. Siempre que sea posible, se suelen recomendar baberos de tela mejor que plásticos porque permiten una mejor experiencia sensorial de la comida por parte de los peques.

Es muy posible que veas hacer este signo con dos manos, en lugar de con una. Básicamente es lo mismo: dibujar el babero en nuestro pecho, solo que a nosotros nos parecen siempre más sencillos para los peques los signos que involucran una sola manita en lugar de las dos.

Sombrero

SOMBRERO / _HAT_

Con la palma de la manita abierta y los deditos pegados entre sí, nos golpearemos dos veces la parte superior de la cabeza, justo en la zona donde nos colocaríamos el sombrero.

· · · CONSEJO ·

El signo de «sombrero» es el mismo para todo tipo de sombreros, independientemente de que sean de lana, algodón, hilo, o paja. Es igual si son sombreros para proteger del sol o para proteger de la lluvia, que el signo es siempre el mismo. Dicho esto, nos gustaría recalcar la importancia de enseñar y acostumbrar a nuestros hijos a llevar sombrero en su día a día para protegerles. En muchas ocasiones, sobre todo al principio, se sienten raros con ellos y no hacen más que quitárselos y tirarlos al suelo. Debemos ser pacientes y no desesperar, como casi todo en la vida, porque es muy importante protegerles, sobre todo del sol, que es muy traicionero.

«Gorra» tiene signo propio, al igual que «corona», pero nosotros siempre recomendamos utilizar el signo de «sombrero» al referirnos a ellos para intentar facilitar el camino a nuestros peques.

GRACIAS / *THANK YOU*

Con la palma de la manita abierta y los deditos pegados entre sí, la apoyamos en nuestra barbilla y la separamos hacia adelante mientras damos las gracias.

· · · **CONSEJO** ·

En muchas ocasiones, la dificultad de este signo radica no tanto en la dificultad del signo en sí, sino más bien en la dificultad de que los peques entiendan el concepto de «dar las gracias». Los peques no hacen las cosas por educación, y por ello el hecho de dar las gracias por algo no es natural para ellos. Una vez más, la mejor forma de que aprendan y entiendan el concepto es por imitación, y para ello deben vernos a nosotros, los adultos, dar las gracias siempre que podamos. Debemos dar las gracias a nuestra pareja cuando nos acerca la sal, debemos dar las gracias a la abuela cuando nos da uno de sus consejos mágicos (aunque no lo hubiéramos pedido) y debemos dar las gracias a nuestros peques cuando nos regalan un trozo de su pollo (aunque esté más seco que la mojama). Debemos dar las gracias siempre y hacerlo con la mayor felicidad de que seamos capaces para que los peques aprendan este signo.

Por favor

POR FAVOR / *PLEASE*

Con la palma de la manita abierta y los deditos pegados entre sí, la colocamos frente a nuestro pecho y lo frotamos haciendo movimientos circulares.

• • • CONSEJO •

Debemos esforzarnos mucho en enseñar a nuestros peques a dar las gracias y pedir las cosas por favor. Es un tema muy importante para su correcto desarrollo emocional. Enseñarles a ser agradecidos, educados y respetuosos con las personas que les rodean les ayuda poco a poco a salir de su egocentrismo natural, biológico e innato y empezar a pensar en «la otra persona» que tienen delante. Es un proceso muy largo en el que debemos ser muy constantes y tener mucha paciencia, pero que dará sus frutos en el futuro.

Para introducir el signo de «por favor», cuando nuestro peque empiece a señalar cosas y a pedirlas a su manera (con sonidos, gritos, sollozos, etc.) nosotros señalaremos el mismo objeto y le preguntaremos: «¿Por favor, mi amor?», y luego se lo daremos.

Perdón

PERDÓN / *SORRY*

Cerramos la manita en un puño y la colocamos frente a nuestro pecho. Una vez apoyada la movemos en círculos, como si nos frotáramos el pecho.

. . . **CONSEJO** . . . .

Una herramienta muy potente a la hora de enseñar este signo a tu peque es la expresividad de tu cara. Para llamar la atención sobre el signo de «perdón» te recomendamos poner carita de arrepentimiento cuando le hagas el signo a tu peque (siempre lo más real que puedas). Volvemos a repetir la importancia de que vean el Baby Sign como algo divertido y de que capte su atención de forma positiva, no como algo carente de interés.

Para recordar la diferencia entre «por favor» y «perdón» nosotros siempre decimos a nuestras familias que recuerden la frase «Tener el corazón en un puño», ya que cuando sentimos pena o angustia por haber molestado a alguien, le pediremos perdón por todo aquello que le haya podido molestar, y así reequilibraremos la balanza.

Árbol

ÁRBOL / _TREE_

Usaremos nuestras dos manitas. Colocaremos una de ellas en horizontal con la palma abierta y mirando hacia abajo. La otra mano la pondremos en vertical, apoyando el codo sobre el dorso de la mano horizontal, y con los deditos extendidos y separados entre sí haremos un movimiento giratorio de muñeca.

· · · CONSEJO ·

Para recordar este signo, puedes pensar que tu brazo horizontal es el suelo, tu brazo vertical es el tronco del árbol y los deditos de tu mano superior son las ramas que se mueven con el viento. Es nuestro consejo para nunca olvidar el signo de árbol.

Cuando enseñes este signo a tu bebé, lo normal es que vaya en el carro, y por lo tanto tendrás que hacer el signo solo con una mano. Es mejor hacerlo así que soltar el carro, porque sería peligroso. Es importante que sepas que cuando tu bebé haga este signo por la calle, es muy probable que la gente con la que se cruce piense que la está saludando, alegrándole así el día y sacándole una sonrisita.

FLOR / *FLOWER*

Juntamos las yemas de nuestros cinco deditos y las apoyamos en nuestra nariz, como si fuéramos a olerlas. Luego llevamos la mano a un lado de la nariz y repetimos el movimiento hacia el otro lado.

. . . **CONSEJO** . . . .

El mejor truco para no olvidar este signo es pensar que con los deditos hemos cogido una flor y la estamos oliendo, ya que es el rasgo más característico de las flores. Nosotros recomendamos que huelas de verdad la manita, porque esto llamará la atención del peque y hará que se quede con este signo.

Muchas veces las familias cuestionan la utilidad de enseñar estos signos a los peques, pero eso es un planteamiento de adulto. Debes intentar no poner límites a tu bebé, porque este tipo de signos son los que luego te cuentan muchas cosas acerca de él: lo que le gusta, lo que le llama la atención, etc. Los signos nos dan pistas sobre la personalidad de cada bebé, y eso no tiene precio.

Piedra

PIEDRA / *STONE*

Usaremos nuestras dos manitas. Cerraremos las dos en sendos puños y con uno de ellos, el de la mano dominante, golpearemos el otro un par de veces.

· · · **CONSEJO** ·

El signo de «piedra» o «roca» es como si cogieras dos piedras y las golpearas entre sí. Es un signo muy sencillo y que suele llamar mucho la atención de los peques, porque no hay cosa en el mundo que más les pueda gustar que ir cogiendo piedras por el camino. Arrancar hojas y flores podría competir perfectamente con coger piedras en este *ranking* de los paseos en familia, pero creemos que las piedras ganan, como en el juego de «piedra, papel y tijera».

Este signo es parecido, aunque completamente diferente, al signo de «zapato», y para distinguirlos debemos recordar que en el signo de «piedra» la mano dominante golpea a la otra en el dorso del puño, mientras que en el signo de «zapato» los golpecitos son laterales.

Estrellas

ESTRELLAS / *STAR*

Usaremos nuestras dos manitas. Estiramos los dedos índices de ambas manos y con ellos señalamos al cielo varias veces, alternando el movimiento de las manitas.

... CONSEJO ....

Para recordar este signo podemos imaginar que con los deditos estamos señalando constelaciones de estrellas en el cielo. Otra imagen muy poderosa para no olvidar este signo es pensar que estamos encendiendo las estrellas con nuestros deditos.

Como ya hemos dicho en el signo de «calcetines», debes tener cuidado con no confundir estos dos signos, y para ello lo mejor es recordar que los calcetines van por el suelo y las estrellas viven en el cielo. Por este motivo, un signo va hacia abajo y el otro va hacia arriba.

El signo de la estrella es el signo más importante de una de las canciones de cuna más conocidas a nivel internacional: «Twinkle, twinkle little star» o «Estrellita, ¿dónde estás?».

Arena

ARENA / *SAND*

Usaremos nuestras dos manitas. Cerraremos ambas manitas juntando las yemas de todos nuestros deditos, tal y como se aprecia en la imagen, y frotaremos nuestros pulgares contra el resto de deditos.

· · · **CONSEJO** ·

Nosotros siempre les decimos a nuestras familias que el signo de la arena es como si cogieras un puñado de arena y lo desmenuzaras para encontrar piedrecitas o algo así.

La arena, nos guste o no nos guste tanto, va a estar muy presente en nuestras vidas, probablemente hasta que los peques vayan a la universidad. Les encanta cuando son bebés y no deja de gustarles cuando no lo son tanto. Hay arena en los areneros, en los parques, en la playa, etc., etc., etc. Y ¿qué tienen en común todos estos sitios, además de que en todos hay arena? Son sitios donde los peques van a jugar. El juego es fundamental, y debe ser nuestro aliado a la hora de introducir signos a nuestros peques.

COLUMPIO / *SWING*

Usaremos nuestras dos manitas, estirando los dedos índice y corazón de cada una de ellas. La mano no dominante será nuestro «columpio» y la manita dominante se sentará sobre ella y se balanceará, como si se estuviese columpiando de verdad.

··· CONSEJO ··

El signo de «columpio» en realidad es muy intuitivo, ya que se trata de imitar el movimiento del columpio cuando nos subimos a él. Nosotros incluso recomendamos imitar con los deditos de la mano dominante el movimiento que hacemos con las piernas mientras nos columpiamos para coger inercia. Es un pequeño truco que hará más divertido el signo y por lo tanto nos ayudará a captar la atención del peque sobre el mismo.

En el caso del «tobogán», que es bastante parecido, con la misma posición de manitas, es decir, dedos índice y corazón estirados, la no dominante apuntaría al suelo y la otra se deslizaría sobre ella de arriba a abajo como si se tirase de verdad por un tobogán.

MÚSICA / *MUSIC*

Usaremos nuestras dos manitas. Coloca una de ellas en posición horizontal, con la palma mirando hacia arriba, y mueve la otra encima de un lado a otro como si estuvieras dirigiendo una orquesta.

· · · CONSEJO ·

Este signo puede parecer difícil de introducir en un principio porque la música no es algo que se pueda ver o se pueda tocar. Nuestra recomendación es que para el signo de «música» debemos intentar estar muy atentos y hacerlo siempre que escuchemos una canción que queramos que escuche. Esto quiere decir que debemos estar atentos si estamos paseando por el centro comercial, o si suena en el coche, o si nuestra cuñada pone música en la barbacoa familiar... Cualquier situación es buena para decirle que escuche (nos señalaremos la oreja con nuestro dedito índice) y hacerle el signo de «música». No debemos reservarlo solo para cuando tumbamos al peque en su mantita en casa y le ponemos canciones infantiles. Es muy recomendable también, en el caso del signo de «música», hacerlo siempre con mucha felicidad y emoción en nuestro rostro.

Jugar

JUGAR / *PLAY*

Usaremos nuestras dos manitas. Colócalas en posición de «Y», es decir, estira los deditos pulgar y meñique y los demás déjalos cerraditos en el puño. Haz un movimiento giratorio de ambas muñecas a la altura del pecho.

. . . **CONSEJO** . . . .

El signo de «jugar» es como el signo de «amarillo» solo que con las dos manitas en lugar de con una sola. Es un signo importantísimo porque el juego es fundamental para el correcto desarrollo, tanto físico como psíquico, de los más peques. Debemos intentar que jueguen todo lo que puedan (siempre dentro de un determinado orden y concierto) y debemos presentarles el Baby Sign como un juego, para que ellos se diviertan y así sientan un mayor interés por los signos. Además, los estudios demuestran que lo que se aprende jugando permanece mucho más tiempo en nuestra memoria. Nosotros siempre decimos que debemos aprovechar todos los momentos que podamos para jugar con los peques porque el tiempo vuela y no se puede recuperar. No podemos rebobinar la vida.

Libro

LIBRO / *BOOK*

Usaremos nuestras dos manitas. Junta las palmas, con los dedos estirados y juntitos, y ábrelas como si estuvieras abriendo un libro de los de verdad.

· · · **CONSEJO** ·

El signo de «libro» es aplicable también a cuento, álbum de fotos, enciclopedia, etc. Es un signo muy utilizado porque a los peques les encantan los cuentos, y por ello suele ser uno de los signos más fáciles de introducir y que más les emocionan cuando empiezan a entenderlo.

Debes recordar que cuando le cuentes un cuento a tu peque, no debes agobiarte intentando signar todas y cada una de las palabras del cuento. No olvides que el Baby Sign es una herramienta de comunicación temprana y no un idioma completo, por lo que no todas las palabras tienen signo. Además, podemos confundir al peque si le hacemos tantísimos signos. Sígnale las palabras clave para que se divierta y siempre quiera más.

Bicicleta

BICICLETA / *BIKE*

Cerraremos nuestras dos manitas en sendos puños a la altura del pecho y haremos círculos alternos hacia adelante, imitando los pedales de la bicicleta.

· · · **CONSEJO** ·

El signo de «bicicleta» vuelve a ser muy intuitivo, y es válido tanto para bicicletas como para triciclos. Por lo general, los signos de los medios de transporte terrestre son muy fáciles para los peques ya que imitan el movimiento de conducción de cada uno. Así, por ejemplo, en el caso de las motos, es como si aceleráramos el manillar y condujéramos una moto imaginaria.

Las bicicletas como tal, con pedales y dos ruedas, son muy complicadas para los peques y muy peligrosas. Por este motivo suelen empezar por bicicletas sin pedales donde se impulsan con los pies, lo cual favorece mucho su equilibrio y motricidad. El signo de «bicicleta» también lo usaremos para referirnos a este tipo, a pesar de que no tenga pedales, que es lo que está imitando el signo.

BARCO / *BOAT*

Usaremos nuestras dos manitas, abriéndolas enteras, con los deditos estirados y pegados entre sí. Las colocaremos juntas formando un cuenco, tal y como apreciamos en la ilustración, y las moveremos hacia adelante dando saltitos.

· · · CONSEJO ·

El signo de «barco» es otro que suele gustar mucho a los peques ya que los barcos están muy presentes en cuentos, objetos de decoración, estampados de ropa, etc. Además, cuando vamos a la playa y ven un barco, suele ser motivo de excitación para ellos.

Vuelve a ser un signo muy intuitivo porque es como si hiciéramos un barquito con nuestras manos y navegásemos con él. De hecho, el signo de «navegar» es exactamente igual que el signo de «barco», solo que el movimiento es más rápido, precisamente para dar la sensación de movimiento. Para jugar con nuestros peques haciéndoles este signo, nosotros recomendamos la canción «El barco chiquitito», que es un clásico que nunca pasará de moda.

Coche

COCHE / *CAR*

Cerraremos nuestras dos manitas en sendos puños a la altura del pecho y realizaremos un movimiento circular con ambas manos, como si estuviéramos conduciendo un coche imaginario.

· · · **CONSEJO** ·

Para introducir este signo, el mejor momento es hacerle el signo cada vez que vayamos a entrar en nuestro propio coche, cuando ya vayamos a sentarle en él, no antes. Paseando por la calle puede ser muy confuso hacerle el signo de «coche» ya que suele haber muchos y por todas partes, lo que le dificultaría mucho centrar su atención.

Lo que más nos gusta de este signo es que se «adapta» a los diferentes medios de transporte terrestre que se conducen con volante. Por este motivo, si queremos hacer un «autobús», es el mismo signo solo que un poco más grande el movimiento, o un «camión», más grande todavía el movimiento y en horizontal. Es un signo perfecto para acompañar con el sonido del motor y hacerlo así más divertido.

Te quiero

AMOR / *LOVE*

Cruza los brazos sobre el pecho con las manitas en forma de puño y muévete hacia un lado y hacia otro como si estuvieras dando un abrazo a alguien.

· · · **CONSEJO** ·

Este signo es el signo de «amor», pero se utiliza también para decir «Te quiero». No obstante, hay otra forma de decir «Te quiero» en Baby Sign, y es haciendo el «saludo rockero», es decir, cerrando una mano en un puño y levantando los dedos pulgar, índice y meñique. Esta posición de la mano, que es el saludo que nos viene a la cabeza cuando pensamos en AC/DC o los Rolling Stones, es la suma de las posiciones manuales para las letras «I», «L», «U», que serían las siglas de *I Love You,* que en castellano significa «Te quiero».

Este signo es muy peligroso enseñárselo a los peques, aunque precioso, porque nosotros, los adultos, cada vez que lo hacen corremos el riesgo de derretirnos como si fuéramos mantequilla. Es sencillamente arrebatador verles hacer este signo y sentir el amor con el que lo hacen. Es bálsamo para el alma.

Feliz

FELIZ / *HAPPY*

Usaremos nuestras dos manitas. Colócalas frente a tu pecho, con las palmas de las manos mirando hacia arriba, y sacúdelas dos veces hacia tu barbilla.

. . . CONSEJO . . . .

Existen estudios que demuestran que, mientras los bebés están en el útero, pueden percibir las emociones de la madre, y que los bebés son capaces de expresar sus emociones de forma natural a través de sus ruiditos, sus expresiones faciales, sus conductas, etc. Estos estudios también explican que los bebés son capaces, incluso, de percibir las emociones de la gente que les rodea con una precisión asombrosa.

Con el Baby Sign lo que vamos a intentar es ayudar a nuestros peques a que identifiquen cada emoción para que así puedan contarnos cómo se sienten. Para ello, debes contarle siempre que puedas cómo te sientes y debes intentar sacar tu versión más artística para interpretar la emoción de la que estés hablando, de forma que puedan identificarla más fácilmente.

Triste

TRISTE / *SAD*

Usaremos nuestras dos manitas. Colócalas frente a tus ojos, con las palmas de las manos mirando hacia tu cara y los deditos separados entre sí. A continuación, baja las manos mientras intentas poner una expresión de tristeza en tu cara.

· · · CONSEJO ·

Debes tener en cuenta que no existen emociones buenas y emociones malas. Todas las emociones son buenas y son necesarias, por lo que debes aceptarlas y validarlas siempre. Ante aquellas emociones que no te gusten porque te hacen sentir triste o te generan cierto malestar, lo correcto no es negarlas e intentar pasar página, sino saber gestionarlas y entender el porqué de esa emoción.

Para que tu peque pueda identificar cada emoción, es fundamental que hables mucho con él y trates de contarle en todo momento cómo te sientes tú, cómo se llama la emoción que acaba de manifestar, etc. Además, cuando tú le cuentas siempre cómo te sientes, estás favoreciendo muchísimo la validación de sus emociones, que es fundamental para su correcto desarrollo emocional.

Dolor

DOLOR / *HURT*

Usaremos nuestras dos manitas. Estiraremos los deditos índice de cada una de ellas y luego los juntaremos varias veces para indicar que algo nos duele.

. . . CONSEJO . . . .

Con este signo, vas a intentar que tu peque no solo te diga que algo le duele, sino que te diga dónde le duele. Para ello, coloca el signo siempre donde creas que se ha hecho daño de modo que pueda entender la relación y así te diga en un futuro si le duele la boca, la rodilla, la tripita, etc. Por ejemplo, si se cae y se da un coscorrón en la cabeza, haremos el signo de «dolor» en nuestra cabeza, más o menos a la altura de donde se ha dado el coscorrón, para que pueda entender dónde se ha hecho daño y así decírnoslo más adelante.

Este signo no debes utilizarlo solo para que te cuente si se ha hecho daño o no, puedes utilizarlo también de forma preventiva para que no haga algo potencialmente peligroso. Cuando ya entienda el signo y el concepto de «dolor», puedes usar el signo para decirle que no haga algo porque se puede hacer mucho daño, o mucha «pupa».

BIBLIOGRAFÍA

Acredolo, Linda y Goodwyn, Susan: *Baby Signs: How To Talk With Your Baby Before Your Baby Can Talk*. McGraw-Hill, 2009.

Bilbao, Álvaro: *El cerebro del niño explicado a los padres.* Plataforma, Barcelona, 2015.

Ecuyer, Catherine L': *Educar en el asombro,* Plataforma, Barcelona, 2012.

Esclaibes, Sylvie D', y Esclaibes, Noémi D': *150 Actividades Montessori en casa de 0-6 años.* Edaf, Madrid, 2019.

Garcia, Joseph: *Sign with Your Baby: How to Communicate with Infants Before They Can Speak.* Northlight Communications, 1999.

—: *Educar en la realidad.* Plataforma, Barcelona, 2015.

Gilles Cotte, Delphine, *Montessori en casa. 80 juegos pedagógicos para fabricar uno mismo,* Edaf, Madrid, 2017.

Siegel, Daniel J., y Payne Bryson, T.: *El Cerebro del niño. 12 Estrategias revolucionarias para cultivar la mente en desarrollo de tu hijo.* Alba, Barcelona, 2012.

—, *Disciplina sin lágrimas. Una guía imprescindible para orientar y alimentar el desarrollo mental de tu hijo.* Penguin Random House, Barcelona, 2018.

RELACIÓN
DE SIGNOS